大谷翔平
日本の野球を変えた二刀流

小関順二

廣済堂出版

はじめに

ノーアウト満塁のピンチにグローブを替え、スパイクを履き替えショートのポジションからマウンドに移って相手の打者を三者三振に斬って取る、野球好きなら誰でも夢想するシーンだろう。こういうのをマスコミは「漫画みたいな世界」と表現するが、まさか本当にやる人間が現れるとは思わなかった。あまりにも超現実的な話なので文章やドラマにすれば嘘くささが鼻につくが、実際に球場で目にすればこれほど心が沸き立つことはない。

私が夢想したのはショートからピッチャーで、日本ハムの大谷翔平が現実にやっているのはピッチャーとして登板するときは打者として出場しないことが多く、指名打者として打席に立つときはマウンドに立たないことがほとんどだ。

しかし、新人年の2013年6月18日の広島戦で5番・投手としてスターティングメンバーとして出場、3打数1安打1打点という成績を残している。7月19日のオールスターではリリーフのあとレフトに入る〝リアル二刀流〟で球場を沸かせ、2016年7月3日のソフトバンク戦では1番・投手としてスタメン出場し、中田賢一の初球スライダーを捉えて右中間にホームランを放っている。

翌日の日刊スポーツは1面と裏1面を使い、1面には「まるでマンガの世界　世界初先頭　初球弾」「1番投手　大谷」という見出しが何やら不規則に並び、その混乱ぶりが大谷の偉業を際立たせているようで少し笑えた。

投手と野手の分業が進む前、たとえば昭和30年代までなら「投手で強打者」という選手が稀にいた。不世出の400勝投手、金田正一（国鉄など）は代打で出場してホームランを打ったことがある。また、投手で通算310勝している名投手、別所毅彦（元巨人など）は打撃面でも通算500安打を記録している。私はプロ野球選手の成功基準を、投手は50勝（1セーブは0・5勝で換算）、300試合登板、打者は500安打、1000試合出場に置いているので、別所は打者としても成功基準を満たしている。

それでも別所や金田と大谷をくらべると、比較しようもないほど大谷のバッティングの迫力が上回って感じられる。別所や金田のバッティングも凄いことはすごいが、「投手にしては」という但し書きがつくのは否めない。

大谷は投手としても超弩《ど》級の存在だ。普通、日本人ピッチャーはストレートのスピードが150キロを超えると大騒ぎされる。スピードガンがテレビ中継に普及した昭和50

年代なら140キロ台でも注目された。ウエートトレーニングが進んでいなかった当時、本格派の代表格の江川卓（巨人）でも140キロ台は少なく、150キロ台はほんの数えるほどしかなかった。マスコミにとっては〝瞬間風速〟でも150キロが出たという事実が重要だった。それがコンスタントでなくてもすごみは十分伝えられた。

大谷はそうではない。16年6月12日、7回投げて被安打3、与四球2、奪三振8、失点0という快投を演じた阪神戦では107球中ストレートが58球あり、その平均スピードは159・7キロに達した。優勝を決めた9月28日の西武戦はさらにすごい。9回完投し、被安打1、与四球1、奪三振15という完璧なピッチングを演じ、私の観戦ノートによればこのときの平均スピードは157・1キロ。対戦相手は大谷がずっと尊敬し続けている花巻東高校の先輩、菊池雄星で、菊池もストレートの最速が153キロに達し、失点は6回投げてレアードのソロホームラン1本という好投だったが、大谷の迫力の前ではかすむ。

この大谷のすごさをどうやって伝えようか、しばらく悩んだ。自分の見た大谷だけではあまりに狭くて浅い大谷像にしかならない。大谷のことを書かないかと打診されたときからしばらく、本当に1行も書けなかった。幸いだったのは大谷が出現したときからテレビの映像、雑誌、新聞のスクラップを集めていたことだ。足りない部分は国会図書館に足を運んで丹念に資料集めをした。そして、大谷の個人年表を作成し、その順に書き進めていくうちに徐々にここまでの野球人生の輪郭が、朧気《おぼろげ》ながら浮かび上がってきた。

大谷翔平という野球人が形成されていくプロセスに、実に多くの人間がかかわっていることを知った。水泳や陸上のハードル競技でも非凡な才能を見せ、本気で取り組めば全国で戦える選手になると太鼓判を押されながら大谷少年は野球だけに向き合ったという。勉強もクラスで上位の成績を収めたが、野球の邪魔にならないように取り組んだ。子供時代からすべてのことが野球に向かい、それが少しも窮屈でなく、他人の目に暗く陰惨に映らない。暴力のない野球環境という側面も浮かび上がってきた。

こういう大谷を資料と首っ引きになりながら、丁寧になぞっていくしかないと思った。歴史作家が織田信長や坂本龍馬を書くように、丁寧に一歩ずつ、その歩みをなぞっていく。そういうやり方でないと、たった23年の人生でも大谷の歩みは描けないと思った。資料を客観的に睨みながら、そのつど主観を交えて大谷の人間像を明確にしていく。この本を書き終えたとき、大谷は私の中でどんな存在に変わっているだろうか。

目次

第3章
何が「大谷翔平」をつくったのか ——末っ子、父と子の野球ノート、水沢リトル、花巻東……

第4章 怪物の証明――日本ハム入団からの軌跡と「大谷世代」

第5章 大谷翔平が拓く新たな地平――メジャーでも二刀流の再現はなるか？

第1章

始まりは二刀流論争だった

そして、
誰も言わなくなった

王貞治、イチロー、野茂英雄に匹敵する大谷翔平の存在感

日本のプロ野球に大きな足跡を残してきた選手を投手と野手、10人ずつ名前を挙げろと言われれば次のような名前を挙げる。

投手……沢村栄治（巨人）、金田正一（国鉄など）、稲尾和久（西鉄）、江夏豊（阪神など）、村田兆治（ロッテ）、野茂英雄（近鉄など）、佐々木主浩（横浜など）、松坂大輔（西武など）、ダルビッシュ有（日本ハムなど）、田中将大（楽天など）

打者……川上哲治（一塁手・巨人）、大下 弘（外野手・セネタースなど）、野村克也（捕手・南海など）、長嶋茂雄（三塁手・巨人）、王 貞治（一塁手・巨人）、福本 豊（外野手・阪急）、落合博満（一塁手・ロッテなど）、古田敦也（捕手・ヤクルト）、イチロー（外野手・オリックスなど）、松井秀喜（外野手・巨人など）

どの選手も走攻守や故障克服などの分野で日本野球を進歩に導いた功績があるが、この中に大谷翔平（日本ハム）も入ってくると思っている。ほとんどの人が「やれるわけがない」と思っていることをやってしまった、それが大谷を推す最も大きな理由である。

2013年から大谷を指導している栗山英樹・日本ハム監督はテレビのスポーツ番組で、「（大谷が）投手だけに専念したらもっと凄いピッチャーになると思いませんか」という問いに、次のように答えている。

「誰もやったことがないことをやる、漫画みたいな世界の選手を作るっていうのは、これからのプロ野球のためにすごい大きなテーマだと思っているので。これから野球がもっともっと皆がやりたくなるような、見たくなるような（選手を作ることは）っていうのは我々に課せられた使命だと思っている」

1球団、1個人を通り越し、プロ野球の未来という視点で語られているところに大谷の大きさを感じないわけにはいかない。ヤンキース最晩年の頃、松井秀喜が現役引退後、何をしたらいいのかという話題で友人と盛り上がったことがある。「古巣巨人の監督」と答えた人間は1人もいなかった。巨人だけではない。「ヤンキースの監督をやればいい」と答えた人間もいなかった。松井のスケールに対して「巨人の監督」や「ヤンキースの監督」は小さすぎるのだ。

どう決着がついたかというと、「副コミッショナー」とか「コミッショナー補佐」という肩書で日米の橋渡しをするスポークスマン的な役割が適任ではないかというところに落ち着いた。適切なポジションがないというのが正直なところで、現役のイチローにも同様の〝座りの悪さ〟を感じる。

野茂が現役引退後、オリックスの臨時投手コーチを春季キャンプの期間中だけ担当したことがあるが、特定の球団の指導者になったことはない。日本人メジャーリーガーの道筋をつけた功績が大きすぎ、球団のコーチや監督という役職では釣り合いが取れなくなっているのだ。大谷にも彼らと同じような規格外の存在感を感じる。現役を引退したら次の進路に迷うだろうな、とは余計な心配である。

打者・大谷は「27年に4人の大物」、貧打ジャパンの救世主になると思った

投手か打者か——野球界には今もってどちらか一つを選ぶべきだという意見が多いが、日本ハム球団と大谷は一貫して「投手も打者もやる」と意思表示し、〝投打二刀流〟で文句のない実績を残してきた。

今さら投打どちらか一方に専念すべきとは思わないが、プロ入り前は打者・大谷のほうがいいと思っていた。「投手・大谷か、打者・大谷か、あるいは投打二刀流か」という論争は大谷が日本ハムでプレーするようになってから活発化したが、最初に問題提起

をしたのは私だと思う。打者・大谷を主張したのは、投手・大谷がダメだと思ったからではない。打者・大谷のほうが日本の球界には必要だと思ったからだ。

大谷が日本ハムから1位指名された2012年の暮れ、私は午前0時オンエアのNHK「NEWS WEB 24」に出演し、大谷翔平の二刀流の是非についてコメントした。当時の私は大谷クラスの投手は2、3年に1人くらいの割合で出現するが、大谷クラスの打者は6、7年に1人くらいの割合でしか出現しない、ゆえに打者・大谷のほうに希少性があると考えていた。

「同時代に藤浪（晋太郎）がいるように、〝大谷クラス〟の投手は数年のうちに出現する可能性がある。現実に今年の選抜大会では、1年時にストレートが152キロを計測している安樂《あんらく》智大（済美2年）という大型右腕が出現している。しかし、打者で大谷クラスを探すと85年の清原和博（PL学園）、92年の松井秀喜（星稜）、07年の中田翔（大阪桐蔭）くらいしか見当たらない。つまり、打者大谷は〝27年間で4人〟の大物ということになる」

これは2013年版の『プロ野球 問題だらけの12球団』（草思社）中に書いた文章で、ＮＨＫの番組でも同じような話をした。

13年3月には第3回ＷＢＣ（ワールドベースボールクラシック）が行われ、日本は準決勝で敗退している。3大会連続準決勝進出を果たしたのは日本だけなので十分称賛される成績だが、チーム打率・２７９は参加チーム中5位と芳しくなく、本塁打８本は２位と言っても、すべて乱打戦になったオランダ戦2試合で放ったもので、ブラジル、中国、キューバ、チャイニーズタイペイ、プエルトリコ戦では１本も打っていない。

投手力は世界レベルの上位、それに対して攻撃力はアメリカ、中南米各国にくらべワンランク落ちるという認識は間違っていないと思う。とくに深刻なのが長打力不足だ。そういうときに二刀流を引っ提げてプロ野球の世界に飛び込んできたのが大谷翔平である。大谷が打者に専念して毎年40本以上のホームランを打てば、長打不足に泣いてきた侍ジャパンに強力なポイントゲッターが誕生すると私は真剣に思った。

甲子園は春と夏に出場して0勝2敗

大谷が甲子園大会に出場したのは2年夏、3年春の計2回である。その結果はというと、0勝2敗で一度も勝っていない。11年夏は1回戦で帝京と対戦、ストレートが150キロを計測し、これは下級生のものとしては田中将大（駒大苫小牧）に並ぶ甲子園史上最速記録である。

この試合、大谷は先発していない。4回途中まで小原大樹が投げ、大谷が登場するのはそのあとを受けた4回表、1死一、三塁の局面からである。この11年夏は座骨関節の骨端線損傷のため岩手県大会を1試合（1回3分の2）しか投げていない。そういう完調から程遠いデキでも150キロを計測しているところが凄いといえば凄い。

12年春も前年のこの故障を持ち越している。新チームになってから公式戦の登板がなく、その代わり打者としてはチームトップの打率・480を記録している。この状況は右足首故障で投手として出場ができず、とりあえず〝二刀流〟として打者に専念して、リーグ上位の打撃成績を残した17年シーズン前半とよく似ている。

ちなみに、この17年は左太ももの肉離れで出場選手登録が4月9日に抹消（6月23日に再登録）されている。その時点での打撃成績は、打率・407（リーグ3位）、長打率・815（リーグ1位）とみごとである。

12年選抜に話を戻そう。1回戦で対戦したのは大阪桐蔭だ。高校球界屈指のバッテリー、藤浪晋太郎（12年阪神ドラフト1位）と森友哉（13年西武ドラフト1位）を擁し、チーム打率は32校中1校だけ4割を超える迫力で優勝候補筆頭の前評判を得ていた。

先行したのは大谷擁する花巻東。2回裏、先頭の大谷がスライダーを右中間スタンドに放り込んで先制したのだ。4回にも大谷の死球からチャンスを作り、7番打者のタイムリーで2点目を挙げ、5回を終わって花巻東高が2対0でリードする展開。

大谷は投手としても5回まで被安打2、奪三振6で大阪桐蔭を無失点に抑えている。

ただ、四球2、死球2からは思うようにボールをコントロールできない様子がうかがわれる。4回には150キロのストレートを6番打者にレフト前に運ばれ、6回には2つの四球と内野安打、二塁打をつらねられ2対3と逆転され、7回には4番田端良基に2ランを打たれて突き放される。

この日の出来に関しては大阪桐蔭の先発、藤浪のほうがよかった。ストレートは初回から大谷と並ぶ150キロを計測し、速さは同じでもボールを真下に叩きつけるようなリリースから投じられるストレートには、大谷にはないベース近くでのひと伸びがあった。しかし、投げるほうが万全でなくても打つほうでカバーできるところが今も昔も変わらない大谷の長所である。

藤浪の勝負球、スライダーをキャッチャー寄りのポイントで捉え、右中間スタンドに放り込んだ甲子園での姿が私に打者・大谷の可能性を強く植えつけた。またこの大会中に各球団のスカウトに大谷の評価を聞くと、ほとんどの人は「打者なら即戦力」と答えていた。これが12年春時点での大谷に対するプロの評価である。

それから約4カ月後の7月19日、大谷は投手としての可能性を私たちに強く印象づける。夏の岩手大会準決勝、一関学院戦の6回表、2死二、三塁の場面で3ボール2ストライクから投じた6球目を5番、鈴木匡は見逃しの三振、このとき岩手県営球場のスピードガン表示には「160」という数字が映し出される。

付け加えると、このときはクイックモーションで投げている。普通の投手は塁上に走者が出てクイックモーションで投げるとスピードは4、5キロ落ちるのが当たり前である。それが大谷は自己最速の160キロを計測する。敗れたとはいえ、このあたりから大谷の存在は神懸《かみがか》ってくる。ちなみに、一関学院戦は99球中ストレートが49球を占め、そのうち150キロを超えたのが40球。投球フォームを壊してまでスピードを出すことに執念を燃やし、瞬間風速で150キロ台を計測しました、というのではない。平均で150キロを超えていたところに大谷の凄さがある。

投げるだけではない。ディフェンス面でも大谷はスカウトの注目を集めている。話が前後するが、12年選抜の大阪桐蔭戦では無死一、二塁の3回表、2番打者のバントを処理して二塁走者を三塁で封殺、8回には1死一塁の場面で藤浪のバントを処理して一塁走者を二塁で封殺している。4回裏には二塁走者として7番打者のライト前ヒットで一挙にホームを陥れているが、ストライドの大きい走塁にはやはり野手としての才能の大きさを感じないわけにはいかなかった。

ダルビッシュは投手、イチローは打者推し

大谷が1年目のシーズンを終えた13年11月に出版されたムック『スポーツアルバムNo.47　大谷翔平』（ベースボール・マガジン社）にはパ・リーグ各球団の選手たちの大谷評が載っていて、今見ても面白い。

「いつかはどちらかに絞らなければいけないと思うけど、個人的には野手のほうが合っているのかなと思います」（ソフトバンク・内川聖一）

「投手か野手かどちらかを選ぶとしたら、僕は投手のほうがいいと思います。シンプルですが、150キロ以上の球を投げられるんですから」（楽天・銀次）

「対戦するときには『高卒1年目の野手』と考えてはいけないと思っていました。一番優れていたのは対応力。簡単に三振してくれないし、ファウルで粘ってきます。（中略）二刀流については、何とも言えません。野手に専念すればすごい打者になれるかもしれないし、投手をやっているからこそ、できるものもあると思う」（西武・十亀《とがめ》剣）

「打者としての彼の印象はとにかくミート力が高いという点ですね。甘い球は見逃さずに振ってくるし、しっかり対応してくる。そこに高卒1年目という印象は受けない。二刀流に関しては一野球ファンとしての目線から見ると、やってもらえたら楽しみ。だけど、プロの目線から判断すると難しいのかなと思う」（ソフトバンク・攝津《せっつ》正）

他にも則本昂大（楽天）、唐川侑己、井口資仁（ともにロッテ）、金子千尋、伊藤光（ともにオリックス）、炭谷銀仁朗（西武）が大谷の投打を高く評価しているが、1年目の大谷の成績はそれほど飛び抜けているわけではない。

投手……13試合、3勝0敗、奪三振率6・71、防御率4・23
打撃……77試合、45安打、3本塁打、20打点、打率・238

この成績で他球団の主力選手が二刀流や投打の可能性について熱く語っているのである。

そして、「投打どっちのほうがいいか」という論議は今も続いている。2014年オフの報道ステーション（テレビ朝日）では工藤公康氏（現ソフトバンク監督）が司会進行を務め、ゲストにダルビッシュ有（レンジャーズ）と田中将大（ヤンキース）を迎え、大谷の二刀流について語っている部分がある。

「日本の球界の人気を考えれば見ていても面白いし興味はあるけど、本人がメジャーに行きたいと思ったとき絶対に（二刀流は）足を引っ張ることになる。本人のことを考えるのであるならば、日本ハムはどちらかに絞らなければならないと思っています」

それはどっちです？　という工藤氏の問いにダルビッシュは「ピッチャーです」と即答。「パワーのある奴とか、肩が強い、足が速い奴はいくらでもいますから。ナンバーワンになれる可能性があるとしたらピッチャーなので」と言ったあと「どう思う？」と話を振られた田中は、「はい。投手でやって」と答えている。
大谷はその後も二刀流を継続し、成績は次のように変化していく（14、15年は投手として規定投球回に達する）。

２０１４年
投手……24試合、11勝４敗、１５５・１回、１２５安打、１７９三振、防御率２・61
打者……87試合、58安打、10本塁打、31打点、打率・２７４

２０１５年
投手……22試合、15勝５敗、１６０・２回、１００安打、１９６三振、防御率２・24
打者……70試合、22安打、５本塁打、17打点、打率・２０２

２０１６年
投手……21試合、10勝４敗、１４０回、89安打、１７４三振、防御率１・86
打者……１０４試合、１０４安打、22本塁打、67打点、打率・３２２

16年の打者としての成績上昇が目立つ。長打率と出塁率を合算したＯＰＳは10割を超え、何と1・004に達している。こうなってくると人の意見も変わってくる。イチロー（マーリンズ）は大谷の二刀流について聞かれ、「すごいピッチャーはいくらでも出てきます。でも、あんなバッターはなかなか出てこない」と打者・大谷を推している。

また17年シーズン開幕前のバラエティ番組では、首位打者と最多安打に輝いた角中《かくなか》勝也（ロッテ）が「個人的には」と断った上で、「バッターのほうがすごいですね」と答え、阿部慎之助（巨人）も「僕も一緒ですね」と答えている。さらに最多奪三振を受賞した則本昂大（楽天）は「大谷の打撃練習を見たことがありますか」とMCの中居正広に振ったあと、「東京ドームの看板に当てていますからね」とその飛距離に感嘆し、武田翔太（ソフトバンク）も「バッターのほうがやばいですね」と同調している。

バットマン大谷の驚くべき安定感

もう少し、打者・大谷について言及しよう。2016年の成績で驚くのは安定感である。右手中指のマメを潰した影響でほぼマウンドに立てなくなった7月11日から9月12日までの約2カ月間、二刀流で臨んでいた4カ月とくらべてほとんど成績が変わらない。

打者専業の成績 打率・315（安打52）、本塁打12、打点34

投打二刀流のときの成績 打率・329（安打52）、本塁打10、打点33

二刀流だった7月10日のロッテ戦で大谷はマメを潰し、それ以降しばらくマウンドに立てなくなる。出場選手登録を抹消して故障の回復に努めるのが普通の感覚だと思うが、栗山監督は打者としての出場なら大丈夫と判断、それ以降の約2カ月間、指名打者としてスターティングメンバーで起用し続けた。

有り余る素質は認めても前年（2015年）の打撃成績は打率・202に過ぎない。その大谷が投げられない間は打者に専念するというのだ。打順は中田翔に続く5番である。他球団の投手の負けん気に火がついたことは想像に難くないが、大谷は打ち続けた。

オールスターゲーム第2戦では5回表、井納《いのう》翔一（DeNA）から推定飛距離130メートルのホームランをレフトスタンドに放り込み、それ以降も秋吉亮（ヤクルト）からはレフト前、田島慎二（中日）からはライト前に打ち分けている。

球宴明けのペナントレースでも勢いは変わらない。7月26日の西武戦ではエースの岸孝之（現楽天）から3本の長短打を打ち、29日のソフトバンク戦では左腕の和田毅からレフトへのホームランとセンター前ヒット、守護神・サファテからは右中間の三塁打と、他球団の主力級を攻略している。

2016年のホームラン勝率は7割6分2厘

もう一度、2016年のバッティングを振り返ってみたい。ホームランを22本放ち、そのうち最後まで優勝を争ったソフトバンク戦で最多の9本を放っている。22本放ったホームランの勝率は16勝5敗1分けで7割6分2厘。さらに1、2点差の場面で打った一発が17試合あり、勝負強さが際立っている。

左右投手別の成績は対右腕が・300、対左腕が・375と左を苦にしていないが、左腕から打ったホームランは14号までは和田毅（ソフトバンク）から打った2本しかなかった。それが8月6日以降は嘉弥真《かやま》新也（ソフトバンク）、辛島航（楽天）、山田修義（オリックス）、武隈祥太（西武）、金刃《かねと》憲人（楽天）と量産している。

右投手に対してはレフト方向への一発が目立つが、左投手から打った7本の打球方向は6本がセンターからライト方向に集中している。この6本とも内角球で、外角は逆方向、内角は引っ張りとしっかり打ち分けて対応している。

打った投手はほとんどが一線級だ。

ソフトバンク……和田 毅2、千賀滉大2、東浜 巨、バンデンハーク、中田賢一、岩嵜 翔、嘉弥真新也
楽天……美馬 学、ブリガム、辛島 航、安樂智大、金刃憲人
オリックス……東明大貴2、西 勇輝、ディクソン、山田修義
ロッテ……黒沢翔太
西武……武隈祥太
ヤクルト……デイビーズ

打球方向はレフト方向9、センター4、ライト方向9と均等に打ち分け、前に書いたように左投手はライト方向の引っ張り、右投手は逆方向の打球が目立つ。ソロ9本、2ラン10本、3ラン3本のバランスもよく、長打率・588、出塁率・416を足したOPSは一流選手の証と言ってもいい10割超え（1・004）を記録。投手兼任の二刀流でありながら盗塁を7つ成功（失敗2）させているのも見事である。

7月3日のソフトバンク戦では1番・投手でスターティングメンバーに名前をつらね、1回表、中田賢一から初球のスライダーを右中間に放り込んでいる。翌日の日刊スポーツ紙は1、4面、さらに裏1面の計3面で取り上げ、1面には「まるでマンガの世界　世界初」の活字が躍り、「リアル二刀流」の文字も見える。

同紙はソフトバンクの主力打者のコメントも紹介している。

「初球から直球に合わせながらスライダーを打つ。いい反応力をしている」（松田宣浩）

「投げる方も打つ方も。こっちは必死でどちらかをやっているのに。嫉妬してしまいますよね」（内川聖一）

内川の言葉が日本ハムの選手も含めたプロ野球選手すべての偽らざる思いだろう。投手としては8回を被安打5、与四球2、奪三振10、失点0に抑え、試合は2対0の接戦を制し、首位を快走するソフトバンクとのゲーム差は6・5になった。その後の奇跡につながるターニングポイントになったことは間違いない。

大谷の登場とともに同時代の大器が続々と覚醒していった

私はもはや打者・大谷を推そうとは思わない。16年シーズン、底の知れない投打の素質を目の当たりにして、どちらか一つに限定するのはあまりに惜しいと考えるようになった。ただ、打者・大谷の登場によってプロ野球界を代表する強打者が続々と覚醒し始めたことはしっかり認識したい。

次に紹介する打撃成績はいずれも２０１３、14年のものである。

筒香嘉智（DeNA）
13年……打率・216、安打11、本塁打1、打点3
14年……打率・300（12位）、安打123、本塁打22、打点77
山田哲人（ヤクルト）
13年……打率・283、安打99、本塁打3、打点26
14年……打率・324（3位）、安打193（1位）、本塁打29、打点89
柳田悠岐（ソフトバンク）
13年……打率・295、安打88、本塁打11、打点41
14年……打率・317（3位）、安打166、本塁打15、打点70
西川遥輝（日本ハム）
13年……打率・278、安打78、本塁打2、打点26、盗塁22
14年……打率・265（21位）、安打147、本塁打8、打点57、盗塁43（1位）
中島卓也（日本ハム）
13年……打率・238、安打53、本塁打0、打点8、盗塁23
14年……打率・259（23位）、安打99、本塁打0、打点32、盗塁28

現在のプロ野球を代表する好・強打者が、２０１３年当時はいずれも規定打席に満たない発展途上だったことがわかる。それが翌14年には揃って規定打席に初めて到達し、山田は最多安打、西川は盗塁王に輝いている。この大変身の刺激剤になったのが大谷だと思う。

大谷は２０１２年のドラフトで日本ハムから１位指名を受けてプロ入り。翌13年には投手として13試合に登板して3勝０敗、防御率４・23、打者としては77試合に出場して45安打、３本塁打、20打点、打率・２３８を記録している。成績そのものは際立っていないが、投げては１６０キロの快速球、打っては広角に打ち分ける技術の高さとともに、45安打のうち42パーセントが長打というスケールの大きさを目の当たりにし、誰もが〝二刀流〟に無限の可能性を感じるようになった。

内川は先頭打者ホームランを打たれた試合後、前に紹介したように「こっちは必死でどちらかをやっているのに。嫉妬してしまいますよね」とコメントしている。冗談っぽく聞こえるが本音だろう。６月５日の巨人との交流戦では5番・投手として〝リアル二刀流〟で臨み、投げては2失点完投、打っては1安打、１打点を記録している。巨人の長野久義は「真っすぐも速いですし、スイングスピードも速い。すごいです」とコメントしている。タイトル経験者2人にここまで言わせる大谷を何と評価していいのだろう。

筒香、山田、柳田、西川、中島以外でも、梶谷隆幸（DeNA）、平田良介（中日）が14年に初めて規定打席に到達している。この現象は偶然とは思えない。そして、投手では1年早い13年に同じ現象が見られる。

新人・大谷が二刀流で物議をかもした13年、セ・リーグでは菅野智之（巨人）が13勝6敗、藤浪晋太郎（阪神）が10勝6敗、そして新人王を獲得した小川泰弘（ヤクルト）が16勝4敗という、高次元の新人王争いを演じている。パ・リーグでは新人王の則本昂大（楽天）が15勝8敗、規定投球回にこそ達していないが花巻東の先輩・菊池雄星（西武）が自己最多の9勝4敗、育成ドラフト出身の西野勇士（ロッテ）が支配下登録1年目で9勝6敗を挙げ、やはり育成ドラフト出身のソフトバンク・千賀は51試合にリリーフ投手として登板し、防御率2・40で〝育成の星〟と騒がれた。

これらの各投手にとって大谷はプロ入り前から脅威だった。高校3年の夏にストレートが最速160キロを計測し、日本のプロ野球を経ない「直メジャー」を表明する姿がドラフト前にはマスコミを大きく賑わせた。

それに対して打者・大谷は「副業」の扱いだった。「副業にしてはよく打つね」くらいの関心でしかなく、プロ入りと同時に先輩たちの敵愾心《てきがいしん》を煽るような存在ではなかった。それが試合前のフリーバッティングで特大の柵越えを連発する長打力を目の当たりにし、ようやく各打者は大谷の凄さに気づいた。この1年のタイムラグが13年の投手の覚醒、14年の打者の覚醒になって現れているのだと思う。

歴代の〝強打者〟を遥か後方に追いやる二刀流の迫力

パ・リーグでは指名打者制度があるためペナントレースで投手が打席に入ることはほとんどないが、セ・リーグは投手が打席に入るので打つのが好きな選手が誰かわかる。
以下は2016年のセ投手安打数上位5傑である。

菅野智之（巨人）…………打率・222、安打12
メッセンジャー（阪神）…打率・138、安打9

石田健大（DeNA）……打率・182、安打8
藤浪晋太郎（阪神）……打率・167、安打8
野村祐輔（広島）……打率・163、安打7

菅野が別格と言えるくらい安打を多く放ち、打率も2割超えしているのが光る。それでも打率は2割2分と低く、安打は12本しか打っていない。昭和40年代前半くらいまでは、投手でもバッティングのいい選手が多かった。

前人未到の400勝を達成した金田正一（元国鉄、巨人）は打っても投手として史上2位の通算406安打を打ち、1953（昭和28）年には打率・275（安打33）を記録し、ホームランを3本放っている。投手の通算安打で金田の上を行くのは通算310勝投手の別所毅彦（元南海、巨人）で、48、50年には50安打以上打って打率3割以上を記録し、通算安打は500本ちょうど。

私はプロ野球選手の「成功」を投手は50勝（1セーブは0・5勝）、300試合登板、打者は500安打、1000試合出場を目安にしているので、別所はバッティングでも成功選手の仲間入りをしていることになる。

５００安打は簡単な記録ではない。盗塁王に2度輝いた緒方耕一（元巨人）は４８６安打、現役でも08年に１０３安打放った天谷宗一郎（広島）は昨年まで４８６安打でとどまり、荒波翔（ＤｅＮＡ）３９６安打、大野奨太（日本ハム）３４９安打、松本哲也（巨人）３３６安打でわかるように、レギュラーに近い選手でも５００安打の前で足踏みしている。そう考えると投手でありながら５００本の安打を放ち、通算打率・２５４を残した別所は怪物である。

大谷はもちろんその別所の記録ですら凌駕《りょうが》している。13年の新人年から17年4月8日のオリックス戦までの通算打撃成績は打率・２７９で、ホームランはすでに歴代の〝強打〟投手を抜く42本。ホームラン数で抜かれた金田は「ピッチャーで登板して打ったホームランと、ＤＨで打ったホームランと区別して発表しなさいよ。中身が違う」と反論しているが、大谷は打者で出場するときは3番とか5番をまかされる。チームのポイントゲッターの役回りである。そういう打順の選手にはバッテリーは当然、緻密なコースを突いて、厳しい胸元も攻めてくる。そういう配球を克服してホームランを量産している大谷のほうが〝モンスター度〟は高いと思うのだがどうだろう。

125球投げて完封してもストレートはすべて150キロ超え

投手・大谷はどうだろう。驚かされるのは平均して150キロ以上のストレートを投げられる安定感である。どのくらい安定しているのか、2016年の優勝を決めた9月28日の西武戦のピッチングを振り返ってみよう。この試合、私は西武プリンスドームに足を運び、オーロラビジョンに映し出されるスピードをすべて記録した。まずはこの日の結果を紹介する。

〈9回、打者29人、球数125、被安打1、与四球1、奪三振15、失点0〉

見事な完封勝利である。打たれたのは5回裏の森友哉のライト前ヒット1本だけで、これがなければノーヒットノーランだった。125球のうちストレートは52球で、全投球に占める割合は41・6パーセント。これはプロ野球の投手としては平均的な比率だが、大谷のストレートの割合は通常50パーセントを超えるので、この日は緩急に神経を配り、勝つことを優先した配球だったことがわかる。

52球のストレートはすべて150キロを超え、平均スピードは157・1キロだった。52球のストレートをさらに詳しく分類すると、次のようになる。

◇見逃し7　◇空振り14　◇ファール15　◇ボール10
◇安打1　◇四球1　◇凡打4

ファールの多さに対して、野球評論家の野村克也氏はストレートが当てられるのはストレートの質がよくない（打者の近くで伸びない）からだと言うが、取材した西武の山川穂高は、大谷が腕を振った瞬間にバットを振ると言っていた。ストレートだけに狙いを絞り、早い振り出しで対応しようとしても、見逃しが7、空振りが14あった。そう考えれば、大谷のストレートの質は悪いどころか高レベルにあると言っていいのではないか。

同様のことをダルビッシュ有（レンジャーズ）は、テレビ番組の稲葉篤紀氏（元日本ハムなど）との対談で話している。

「当てられやすいと言っても大谷には皆真っすぐっていうイメージがあるので。たとえば、凄く質のいい真っすぐを投げたとしても空振りっていうのはなかなか難しいと思うんです。だから、大谷の（真っすぐの）質が悪いんじゃなくて、皆が意識しまくって当てにいっているということで。空振り率も見たらそんなに悪くないんですよ」

同番組がデータとして紹介した空振り率ベスト5は次の通りである。

1位　和田 毅（ソフトバンク）……11・6パーセント
2位　大谷翔平（日本ハム）…………11・3パーセント
3位　菅野智之（巨人）………………10・4パーセント

4位　ジョーダン（中日）……………10・0パーセント
5位　今永昇太（DeNA）…………9・9パーセント

そんなに悪くない、なんてもんじゃない。1位の和田にわずか0・3ポイント差である。優勝を決めた西武戦に話を戻すと、5〜8回まで4イニングの12アウト中、10アウトは三振だった。55球中ストレートは19球あり、空振りは6球。空振り率は31・6パーセントという高さである。

ダルビッシュは大谷にシーズン中「速い球とそうでない球の違いっていうのを突き詰めていけば基本的に速い球も投げられるようになるし、変化球も上手になる」とアドバイスしている。その言葉通り、この5〜8回までの4イニングのストレートの割合は約35パーセントと低く、その低さゆえにストレートは脅威となった。

早い振り出しでストレートに対応しようとする打者に対して最も有効な対抗手段は、変化球を交えた緩急の攻め。この西武戦全体では変化球が73球あり（約58％）、そのうちの8割はスライダーだった。スライダーの精度が上がったことで大谷のピッチングは奥行きを増したと言っていいだろう。

投手・大谷の最大の魅力は正しい投球フォーム

打者は打率、投手は防御率が選手を評価するときの標準的な指標で、打撃成績、投手成績はこれらの数値のいい順に名前が並ぶ。それが最近は、打者はＯＰＳ（長打率と出塁率を足した数値）、投手はＷＨＩＰ（１イニング当たりの与四球、被安打の数）など新しい指標で評価されるようになった。

また、日本ハムが選手を評価するシステムとして活用していることで有名になったのがＢＯＳである。主観的な選手評価を改め、野手なら脚力、肩の強弱、長打力、投手ならボールの速さ、コントロールなど分野ごとに得点をつけ、その合計で選手を評価する客観的な評価方法である。

「脚力、肩の強弱、長打力～」と書いたが、実際には何が評価対象になっているのかわからない。元巨人GMの清武英利氏は自著の中で投手の評価対象を、「直球の平均球速、直球の最高球速（MAX）、直球制球（コマンド）値＝精度、防御率、与四死球率、奪三振率、変化球制球値（カーブ、スライダー、フォークなど持ち球ごとに評点する）、投手守備率、牽制（クイック）速度、球質（球威や切れ、伸び、くせ球を判定）」と紹介している（『巨魁』WACより）。

同書によれば、最高点は80点、最低点は20点で各項目を評価するとある。たとえば、ストレートは平均球速152～158キロが80点、最高球速は158キロ以上が80点という配点である。巨人でも選手の評価を数値化することによって、職人的な野球人（スカウトなど）の主観を廃していこうという取り組みがあったのだ。

これらにならって投球フォーム、打撃フォームを評価対象にできないか考えた。たとえば、投手は次の11項目を「良い3点」「普通2点」「悪い1点」で採点する、

「スピード」「変化球の精度」「制球力（与四死球率）」「奪三振率」「バックイングのと

き外旋か内旋か」「テークバック時の腕の位置（打者から見て投手の利き腕が見えているか見えていないか）」「体の開き」「投げに行くときのヒジの高さ」「リリースでボールを押さえ込めているか」「下半身から上半身という体重移動ができているか」「ステップ幅」

大谷の採点は次のようになった。

◇スピード……3点
◇変化球の精度……2点
◇制球力（与四死球率）……2点
◇奪三振率……3点
◇バックスイングのとき外旋か内旋か……3点
◇テークバック時の腕の位置
（打者から見て投手の利き腕が見えているか見えていないか）……3点
◇体の開き……3点
◇投げに行くときのヒジの高さ……3点

◇リリースでボールを押さえ込めているか……3点
◇下半身から上半身という体重移動ができているか……3点
◇ステップ幅……3点

採点結果は33点満点中の31点だった。ライバルたちはどうかというと、菅野智之（巨人）、金子千尋（オリックス）が同じ31点、則本昂大（楽天）、菊池雄星（西武）が30点、藤浪晋太郎（阪神）27点というのが私の採点。藤浪は与四死球率、テークバック時の腕の位置が各1点で全体の成績を下げている。

投球フォームの得点化がどうして重要かといえば、アマチュア球児の5年後がある程度予想できるからである。今、ストレートが１４０キロ未満でも、投球フォームのいい選手はウエートトレーニングの効果で肉体改造ができれば、いいフォームのままピッチング全体がスケールアップしていける。まず重要なのは投球フォーム、そういう認識を植えつけるのに実は大谷ほどうってつけのピッチャーはいない、という話を以下の章で書いていきたい。

先発型の各分野成績

被安打率		与四死球率		奪三振率		防御率	
大谷翔平（日本ハム）	6.45	吉見一起	1.68	大谷翔平	10.34	菅野智之	2.31
菊池雄星（西武）	7.46	菅野智之	2.01	則本昂大	9.22	大谷翔平	2.49
武田翔太（ソフトバンク）	7.55	石川　歩	2.05	藤浪晋太郎	9.16	吉見一起	2.62
岸　孝之（楽天）	7.69	金子千尋	2.42	メッセンジャー	8.38	菊池雄星	2.79
菅野智之（巨人）	7.76	則本昂大	2.48	和田　毅	8.30	金子千尋	2.81
金子千尋（オリックス）	7.81	岸　孝之	2.554	金子千尋	7.80	武田翔太	2.85
藤浪晋太郎（阪神）	7.82	和田　毅	2.555	菅野智之	7.67	藤浪晋太郎	2.92
和田　毅（ソフトバンク）	7.84	小川泰弘	2.68	武田翔太	7.66	則本昂大	3.017
メッセンジャー（阪神）	8.10	野村祐輔	2.74	菊池雄星	7.44	メッセンジャー	3.023
則本昂大（楽天）	8.24	西　勇輝	2.89	岸　孝之	7.35	岸　孝之	3.04
小川泰弘（ヤクルト）	8.28	メッセンジャー	3.03	小川泰弘	7.23	石川　歩	3.08
吉見一起（中日）	8.32	涌井秀章	3.10	西　勇輝	7.00	和田　毅	3.12
西　勇輝（オリックス）	8.41	大谷翔平	3.55	涌井秀章	6.59	野村祐輔	3.21
涌井秀章（ロッテ）	8.62	菊池雄星	3.91	石川　歩	6.20	西　勇輝	3.25
野村祐輔（広島）	8.65	藤浪晋太郎	4.07	吉見一起	6.18	小川泰弘	3.40
石川　歩（ロッテ）	9.05	武田翔太	4.26	野村祐輔	5.71	涌井秀章	3.42

※対象は通算 500 イニング以上、成績は 2017 年 5 月 13 日現在

第2章

野球に淫する男・大谷翔平

野球の魅力を伝える
最適任者

高校1年の大谷翔平が作成したマンダラート

投手・大谷と言えば、「最速165キロのストレート」のイメージが強烈すぎ、恵まれた体格（193センチ）を生かした力自慢、という印象を持たれかねない。しかし、それは大きな間違いである。花巻東高校1年時に作成した目標達成表（「マンダラート」、「マトリックス」とも言われている）というのがある（P52表参照）。

81個のマスの中に高校3年間のうちに達成する目標を書き込むもので、ビジネス社会でも作成されることがある。最大の目標が81マスのど真ん中にあり、それを実現するためのサブ的な目標が他のマスの中に書き込まれる。大谷の場合は真ん中に「ドラ1 8球団」とある。これは高校3年秋のドラフト会議で8球団から1位指名で競合されるということで、花巻東高校3年時にはプロ野球を経ない「直メジャー入り」を表明した大谷が、高校1年時にはプロ野球入りが目標だったことがわかる。

さらに詳しく見ていくと、技術的な追及がいたるところで見られる。

『別冊カドカワ 大谷翔平』(カドカワムック)のインタビュー記事で、インタビュアーが「このマイペースな感じだとアメリカでもなんとかなりそうな気がしますけどね」と言うと、「やっぱり技術がすべてだと思ってるので。性格とかもよく言われてますけど、でも絶対的な技術があれば勝ち抜けると思うんで」と精神論を封じ、技術を追求する思いと、技術に対する信頼感を表明している。

81マスのマンダラート上部中央の9マスには「体幹強化」「インステップ改善」「軸をぶらさない」「リリースポイントの安定」「下肢の強化」「体を開かない」などの項目があり、それらを可能にするための体作りが上部左に書き込まれている。

主なものでは、「サプリメントを飲む」「食事夜7杯、朝3杯」「FSQ90kg」「RSQ130kg」(FSQ、RSQともウエートトレーニング用のマシン)などで、16歳の高

花巻東高校1年時の目標達成表（マンダラート）

体のケア	サプリメントをのむ	FSQ 90kg	インステップ改善	体幹強化	軸をぶらさない	角度をつける	上からボールをたたく	リストの強化
柔軟性	**体づくり**	RSQ 130kg	リリースポイントの安定	**コントロール**	不安をなくす	力まない	**キレ**	下半身主導
スタミナ	可動域	食事 夜7杯 昼3杯	下肢の強化	体を開かない	メンタルコントロールをする	ボールを前でリリース	回転数アップ	可動域
はっきりとした目標、目的をもつ	一喜一憂しない	頭は冷静に心は熱く	**体づくり**	**コントロール**	**キレ**	軸でまわる	下肢の強化	体重増加
ピンチに強い	**メンタル**	雰囲気に流されない	**メンタル**	**ドラ1 8球団**	**スピード** 160km/h	体幹強化	**スピード** 160km/h	肩周りの強化
波をつくらない	勝利への執念	仲間を思いやる心	**人間性**	**運**	**変化球**	可動域	ライナーキャッチボール	ピッチングを増やす
感性	愛される人間	計画性	あいさつ	ゴミ拾い	部屋そうじ	カウントボールを増やす	フォーク完成	スライダーのキレ
思いやり	**人間性**	感謝	道具を大切に使う	**運**	審判さんへの態度	遅く落差のあるカーブ	**変化球**	左打者への決め球
礼儀	信頼される人間	継続力	プラス思考	応援される人間になる	本を読む	ストレートと同じフォームで投げる	ストライクからボールに投げるコントロール	奥行きをイメージ

※ FSQ、RSQ は筋トレ用のマシン
出典：スポーツニッポン

校1年生がこれほど明確に目標を設定できるものかと唖然としてしまう。

情緒的なものでは、「愛される人間」「信頼される人間」「あいさつ」「部屋そうじ」「審判さんへの態度」とあり、「本を読む」というのもある。

これを見て、20数年前を思い出した。

プロ野球OBの本作りを編集者として手伝ったときのこと、「(現役時代)野球は楽しかったですか」と聞くと、「楽しいわけ、ないだろう」と一喝された。その人は、「面白くて夜更かししたらその日のナイターに悪影響が出る」と言って、本も読まないと言っていた。

野球以外の価値観があったほうが野球にも好影響がある、というのが私の考えで、大谷のマンダラートに「本を読む」という項目があって少しほっとした。ちなみに、愛読書はAppleの創業者、スティーブ・ジョブズの自伝とインターネットで流布されているが、夕刊フジの公式サイト『ZAKZAK』の取材には、「著名なトレーナーさんの本が多いです。選手が書いた本はあんまり読まない。どちらかというと、専門的なものを読みます」と答えている。「趣味は野球」と答える大谷の面目躍如である。

マンダラートに戻ると、「スピード160㎞/h」「フォーク完成」「スライダーのキレ」、さらに「カウントボールを増やす」「遅く落差のあるカーブ」「ライナーキャッチボール」などの言葉も書かれている。「ライナーキャッチボール」とは、キャッチボールで山なりのボールを投げない、つまり前肩上りにならない、ボールを長く持つ、という意味も込められていそうだ。

何度でも言うが、これを書いたのは15、6歳の高校生である。それがのちにプロ野球界に革命を起こす大谷でも、あまりにも〝普通〟とかけ離れている。

同じように佐々木洋監督の指導を受けた菊池雄星（西武）のマンダラートは大きく伝えられていない。ほれぼれする投球フォームから力強いストレートとキレのあるスライダーを投げ分ける菊池でも、高校1年時には大谷のような将来予想図を描くほどの大人の部分はなかったのだろう。あるならば是非見てみたい。

大谷は野球に淫する快楽主義者

2017年1月28日、NHK BS1で放送されたスポーツ追体験ドキュメント『大谷翔平が語る　優勝への15奪三振』では、貪欲に技術を追求する大谷の姿が紹介されている。聞き手は大洋・横浜時代にエースとして通算87勝80敗48セーブを挙げ、06年から12年まではドジャースなど5球団でメジャー通算21勝15敗84セーブ、防御率2・34という成績を残し、帰国後は13年の楽天初優勝にも貢献した斎藤隆氏である。

この対談の冒頭で大谷は「いい人の映像を見るのがすごい好きですね。いい人のスライダーとかいい人のフォークとか携帯（スマホ）でよく見ていますね」と言い、握りなどをイメージして、翌日のキャッチボールで実践してみようと考えることが楽しい、と話している。

大谷はストイック（禁欲的）と言われるが、大谷ほど欲望に忠実な人間はいないと思う。最も好きな野球で好成績を挙げるためわき目も振らず日夜練習に励み、ウエートトレーニングとサプリメントで肉体改造を試みる。貪欲に〝野球に淫する〟人間を他に探せば、金田正一、野村克也、王貞治、イチローくらいしか思い当たらない。ダルビッシュ有ですら高校時代から日本ハム1年目まではマウンド上で不貞腐《ふてくさ》れたり喫煙騒動など問題行動を起こしている。そういう不行跡《ふぎょうせき》が大谷にはまったく見当たらない。

さて、斎藤氏との対談だが、ここでは徹底した技術への取り組みが明らかにされている。ウエートトレーニングの意義についてはこんなことを言っている。

「やりたい技術があって、もともとこういう動きがしたいなとか、こういう投げ方がしたいなという理想のものがあって、1年目からあったんですけどできなかったので。ただ、そこに行くためには技術だけが必要なわけではなく、それ相応の筋力が必要だったりとか、その動きを完成させるためのものが必要なので、ウエイトとしてはその位置づけですね。やりたい技術をするためにあるものだと思っていますし、それが一番かなと思っていますね」

　ウエートトレーニングが球界で一般的でなかった時代、ウエートトレーニングの知識があるだけで他の選手と差別化が図れた。孤立した存在のはずだが、どこか彼らは得意気で、一匹狼を気取っているような態度が見られた。しかし、この対談での大谷には孤立する自分に酔うヒロイックな匂いなどまったくしない。実現したいパフォーマンスがあり、それを成し遂げるためにウエートトレーニングをすると、目標が現実的でわかりやすいのだ。

　ここまでは大谷の選手としての輪郭をなぞっているだけである。話はさらに深みに入っていく。

アマチュア球児の憧れの存在が、技術をしっかり伝える意義

取材した大塚晶則氏（元近鉄、パドレスなど。現在は中日の編成部国際渉外担当）から、投球で大事なのは「リリースでボールを潰すこと」と教えられ、選手を取材するときは必ずリリースの感覚を聞くようにしている。

ロッテ時代の黒木知宏氏（日本ハム投手コーチ）は「真下に叩きつける」、巨人時代を回想した江川卓氏は「押し出す」と答え、「ボールを切る」と話すアマチュア球児もいた。リリースの感覚は百人百様だが、大谷は「こする感じじゃなくて、このままの形

（ボールを人差し指と中指で押さえつけた状態）でボールが抜けて行くような感じ」と、リリースの感覚をかなり具体的に話している。

「ボールに対して指が負けないように」と大谷が言い、斎藤氏が「指が立っている状態ですね」と補足すると、さらに「指先を立てて固定し、最後は叩くようにして投げる」と言っている。このリリースの感覚は大塚氏にきわめて近いと思う。

こすったら指の負担はないが低めに強いボールが投げられないので上から叩く、とも言っている。「こする」とはボールを人差し指と中指で〝押し出しながら最後に切る〟動きのことで、それは大谷のリリースとは違うらしい。斎藤氏は「160を超える人はそういう次元で」と口ごもり、「俺もいいときはそういう感覚があるけど、そこまでしっかり（指を）立てるような意識はない」と言ったあと、「素晴らしいですね」とうなった。

斎藤氏のうなる「素晴らしい」は、取り組む技術の内容だけを指しているわけではない。一心不乱に技術に取り組み、それが苦痛を伴うようなものでないことが「素晴らしい」という意味もあると思う。無邪気に野球とじゃれ合うイノセントな情熱、それこそが大谷の最大の長所で、斎藤氏も「素晴らしい」と感銘しているのである。

野球の魅力を若年層の球児に伝えるということに関しては、大谷はダルビッシュと並ぶ最適任者である。技術に対して多弁なことがまずいい。投球動作のリリースという一分野に対してさえ指のかけ方、指の抜き方を懇切丁寧に説明しているのである。アマチュア球児は大谷の言動やスポーツ紙に紹介されたコメントを通して自らの技術をかえりみて、自信を持ったり反省したりすることができる。

「大谷翔平が結構好きで、別に真似しているわけじゃないですけど、ああいうふうにきれいな投げ方で投げたいなというのがすごくあったから、それで多分似てきているんじゃないかなと思います」

これは2016年秋、社会人のヤマハに所属する鈴木博志を取材したときに聞いた言葉である。鈴木は97年の早生まれなので大谷の2学年下ということになる。きれいな投球フォームから最速154キロを誇る本格派で、17年のドラフトでは上位指名が予想されている。この近い世代に与える大谷の影響力は絶大である。

野茂英雄が颯爽と登場した90年、イチローが旋風を巻き起こした94年、アマチュア野球の現場にはトルネードで投げる投手、振り子打法で打つ打者が数多く出現した。野茂マニア、イチローマニアがその後どうなったかというと、野球人としてはものにならなかった。野茂だからトルネード投法で力強いストレートと鋭く落ちるフォークボールを投げることができ、イチローだから振り子打法で左右広角に安定して数多くのヒットを量産することができた。しかし、発展途上の選手が真似るにはトルネードも振り子も難しすぎた。

大谷やダルビッシュの投球フォームには悪いクセがなく、理想的である。体が大きいからキレのいいボールを投げるのではなく、合理的な投球フォームだからキレのいいボールが投げられるのである。適切なウエートトレーニングと食事トレーニングで肉体改造ができれば、キレだけでなくボールに強さが加わる。そういう成長のプロセスをダルビッシュや大谷は明瞭なロジックで伝えることができる。

昔の選手は違った。技術を一子相伝《いっしそうでん》のごとく考え、世間に見せようとはしなかった。オールスターゲーム期間中、カーブの投げ方を教えてほしいと訪ねてきた鈴木啓示氏（近鉄）に、金田正一氏（巨人）は「教えてもらいたかったらゼニを出せ」と撥ねつけたと言われる。プロっぽい態度だが、技術を後進に伝えるほうがよりプロっぽいと思う。

ちなみに、イチローはアメリカに渡る前に振り子打法をやめている。メジャーリーグで文句のない成績を挙げたあとテレビ番組で「アマチュアの選手にアドバイスを」と請われたとき、「ボールの内側を打ち抜くように」とアドバイスしている。イチローもまた技術を言葉で伝えることのできる伝道師のような存在である。もちろん、昔より今のほうがいい時代だと私は思う。

目指すのは、バットの振り出しの遅い
メジャー型のスイング

バッティングでも大谷はさまざまな情報を発信している。

「初動を遅くしたいんですね。言葉ではなかなか伝えるのが難しいのですが、自分がイメージしているバットの振り出しの一番最初のところをなるべく遅くすることで動くボールに対してももっと打てるようになるのかなと」

（『週刊ベースボール　2017、1・9&16号』）

これは非常に重要な発言である。日本のプロ野球選手やOBは「早い初動」をよしとし、バットの振り出しも振り遅れないような「早い初動」をよしとするのが普通である。たとえば、バリー・ボンズやケン・グリフィー・ジュニアなど一流メジャーリーガーの「遅い初動」と比較しようとすると、それは体力的に劣る日本人にはできません、とすぐ否定にかかる。

ボンズがすごいのは体力・筋力が日本人より優れているからではない。ボールを見逃がすような遅いタイミングでバットを振り出しても、キャッチャー寄りのポイントでボールを捉えて、これをライト方向のスタンドに放り込むことができるからすごいのである。

遅いバットの振り出しはボールに差し込まれる危険性がある半面、ゆったりした体勢でボールをぎりぎりまで見ることができるのでミスショットは減るはずだ。もちろん、緩急の攻めにも対応できる。

ボンズは筋肉増強剤などステロイドの使用でメジャー通算762本塁打の価値が軽減されがちである。確かにステロイドの使用が遅い振り出しでもキャッチャー寄りでボールを捉えることを可能にしたのだろう。ならば、ステロイドではなく、ウエートトレーニングによって超人的な肉体を獲得できればボンズのようなバッティングスタイルをものにできるかもしれない。そういう可能性をボンズは薬物使用というイレギュラーな形で教えてくれたのかもしれない。

前出の雑誌で大谷はこんなことも言っている。

「(ホームランが増えたことは) これまでやってきた練習や日々のトレーニングがあっての結果だということを知ってもらいたいです。それにある程度のフィジカルがないとできない技術もありますから」

最後の「フィジカルがないとできない技術もある」という部分が重要である。やみくもにウエートトレーニングをしても、どんな技術にたどり着くためのトレーニングなのかという問いかけがなければ意味がない。

「体重を100キロ以上に増やしたことで、その部分ばかりフォーカスされてしまったことがありましたが、大切なのは体重が増えたうんぬんではないので。なぜそうする必要があったのか。また、その背景にあるいろんな取り組みを見た上で判断してほしいんです」

大谷の啓蒙運動は収まりそうもない。その取り組みは突き詰めると、「いかに反動を封じるか」というところに行き着くのではないか。遅いバットの振り出しは後ろに引いたり、ヘッドを深く中に入れたりという反動をやりづらくさせる。無駄な動きをする時間的な余裕がなくなるのだ。「外国人に体力で劣る」という言い訳を盾に反動を使いまくる日本人打者に対するアンチテーゼがそこには見え隠れしている。

大谷のめざす「バットの振り出しの遅さ」はアマチュア球児に影響を及ぼしていくだろうか。大谷のバッティングに近いのがセンバツ準優勝校、履正社の4番・安田尚憲(三塁手・3年)だ。安田はバットの振り出しだけでなく、バッティング全体の動き始めも遅い。私は始動を早い順に1、2、3と数値化しているが、安田は3で始動する。大谷の2とくらべてもかなり遅い。安田のセンバツでの成績は17打数7安打1本塁打、打率・412。

大学球界では東都大学リーグの佐藤都志也(一塁手・東洋大2年)も遅い。今春のリーグ戦の成績は佐藤が打率・483で首位打者とベストナインに輝いている。バットの振り出しやバッティングの始動が遅いからいい選手というのではない。普通の選手と違うことをやっているところに魅力を感じるのだ。当たり前のこととして行われているプレースタイルをまずは疑う。そういう選手が増えれば日本の野球はもっともっと強くなる。

ライバルは誰だ!?

「160とか本当にすごいなと思います。かといってそこを目指すというのはないです」

これは2014年のドラフト前の取材で、有原航平（早稲田大➡日本ハム）が大谷と自分を比較した言葉である。160キロは有原くんにそれほど遠くないのではと話を振ると、「いやあ、やっぱり遠いと思います」との返答。年齢も近いし張り合ってほしいと言っても「それはなかなか難しいと思います」と、その差を埋めようとしない。

大谷と同学年の田中正義（創価大➡ソフトバンク）、吉川尚輝（中京学院大➡巨人）

にも取材のとき大谷の話題を振ったが、積極的に乗ってこなかった。吉川などは「あるジムで偶然会い、優しくて好印象でした」と話すほどで、同学年という感じがまったくしなかった。

日本人投手としては前人未到の最速165キロの剛速球を計測し、打者としてはシーズン22本塁打を記録する空前絶後の投打二刀流の迫力が、比較することさえはばかられるという空気を作り出している。そういう中でライバルと称していいのは、2012年春の選抜で投げ勝った藤浪晋太郎（阪神）だろう。

「大谷くんが160キロ投げたから自分は161キロ投げようとは思わない」

これは2012年のドラフトを前に取材した大阪桐蔭時代の藤浪の言葉である。大谷とは関係なく160キロを投げようとは思わないのか聞くと、「球速よりも球質にこだわっていきたい」と言う。この反応を見れば有原たちと同様に、大谷は大谷、自分は自分、というスタンスが感じられる。

プロ入り4年目の16年には3年連続して達成してきた2ケタ勝利が途絶え（7勝11敗）、7月8日の広島戦では8失点にも関わらず161球という懲罰的な登板も経験する。そんな苦汁をなめながら同年9月14日の広島戦では日本人では佐藤由規（ヤクルト）、大谷に続く160キロを計測しているのである。
7回表、鈴木誠也に投じた3球目は引っ掛かったような球筋で外角低めのボール球。甲子園球場のスピードガンでは数字が出るコースとして知られ、藤浪も「スピードガンが出たから抑えられるわけではない。球速より球質なので」とやはり冷めたコメントを残しているが、翌日の日刊スポーツにはこんな記事が載っていた。

「左足に全体重が乗った場合、地面にかけた圧力が強い反発力となり左足に戻る。その反発力に耐えられなくなった左足がポンッと浮き、体が前にジャンプするイメージ」「イメージは全盛期の桑田真澄（元巨人など）」のあとに続く言葉で、他にも「まとまりすぎる感じがあったので、打者との距離を詰めよう、と。できるだけリリースポイントを前にしました」という言葉も紹介されている。技術習得の取り組みと、それを丁寧に言葉で伝えようとするところは大谷同様、伝道師の素質を感じさせる。

新人年から2ケタ勝利を挙げてきた投手としての実績も紹介しよう。

13年……10勝6敗、防御率2・75
14年……11勝8敗、防御率3・53

15年……14勝7敗、防御率2・40
16年……7勝11敗、防御率3・25

昨年までのプロ通算42勝32敗、防御率2・96は、大谷の39勝13敗、防御率2・49とくらべても遜色がない。大谷をライバル視する発言を藤浪はしていないが、肉体的なスケール（大谷193センチ、藤浪197センチ）、160キロを超えるストレートの速さ、さらに高校時代の伝説（大谷は3年夏の160キロ計測、藤浪は12年の春・夏連覇）……等々、ライバル視させたくなる要素は枚挙にいとまがない。

大谷に現在最も必要なのはライバルの存在である。ダルビッシュ、田中将大は6～8歳の年齢差があり、さらに国内リーグとメジャーリーグという違いもあり、同じ土俵の上で比較できない。唯一比較できる存在が藤浪なのである。

2016年に続いて17年も好不調の波が激しく、ファンや首脳陣の信頼感を得ていない藤浪だが、その潜在能力を認めるプロ野球選手は多く、2015年のオールスター前には日刊スポーツが「球宴戦士が証言　藤浪進化論」という特集を組み、打者の目から見た藤浪のすごさを様々に伝えている。

「今年、彼のすごいところは直球が縦回転している点」（ヤクルト・雄平）
「今年は左足を（捕手方向に）前に出している分、直球がエグい。特に外角直球は当たる気がしない」（ヤクルト・川端慎吾）
「去年までは150キロを超えていても、そんなに速いとは感じなかった。今年は違う。体感速度が段違いに上がった。速いと思うようになった」（楽天・嶋基宏）
「大谷より、藤浪のほうが怖い。打てる、打てないの話ではなくて、何か怖いですね。抜けてくるんですよ。特にインコースの球は」（ヤクルト・山田哲人）
「速くて球筋が汚い。それが打ちにくくしているんだと思う」（DeNA・筒香嘉智）

他にも、會澤翼（広島）、中村悠平（ヤクルト）、森友哉（西武）、前田健太（当時広島）が藤浪の進化を証言している。この15年は藤浪が14勝したシーズンなので高く評価されるのは当然だが、先行する大谷は15勝5敗で最多勝、最優秀防御率、勝率1位に輝いている。そういう先行する大谷に対する若干の反発が、この企画の背景にはあると思う。

それから2年間、藤浪は周囲が期待するような成績を残していないが、私にも大谷と藤浪が15年以上の成績を残し、1962年以降実現していない日本ハム（当時は東映フライヤーズ）対阪神という日本シリーズでの対戦を見たい。

スーパースターには常にライバルと言われる選手が存在した。近鉄時代の野茂英雄は清原和博（西武）、オリックス時代のイチローは松坂大輔（西武）と好勝負を繰り広げ、時間をさかのぼれば長嶋茂雄（巨人）には村山実（阪神）、王貞治（巨人）には江夏豊（阪神）という好ライバルがいた。ライバルの存在がスーパースターの一投一打をさらに際立たせてきたのは否めない事実である。そのライバルが今の大谷にはいない。

1位指名した大谷の説得に、首を賭けた山田正雄GMの覚悟

第1章で大谷の打者としての迫力について頁を多く割いたが、実際のスカウトはどういう判断だったのだろう。2014年の秋、当時日本ハムGM（現アマスカウト顧問）だった山田正雄氏に聞くと、直メジャーを発表して、日本球界入りは100％ないと公言していた大谷の指名は「首を賭けてやりました」と振り返る。

日本ハムドラフト戦略の最大の特徴は、その年一番いい選手を1位で入札する、というもの。それに対して山田氏は「いくら一番いいのに行くと言ったって、大谷はああい

う感じだったですからね。それはやっぱり覚悟してやらないと」と言う。インターネットサイトの取材でやりとりした山田氏との大谷に関する一問一答を次に紹介する。

小関　大谷選手の二刀流は、ちょっとスカウトに関するテーマとずれますが、国際的な視野で見ますと日本球界にはスラッガーと言われるバッターが少ないので、私はバッターで育ててもらいたかったんです。GMの思いは？

山田　僕も高校生の時点ではバッターのほうがいいと思っていました。

小関　そうだったんですか。

山田　大谷が代表に選ばれた韓国の世界選手権を10日間見に行ったんです。大谷を見るのと阪神に行った北條（史也）の守備を見るのと、この2つがテーマだったんですが、僕らが入る前日に大谷が打たれて、それからずっと出られなかったんです。これはだめかなと思ったら、最後に出てきて、それでちょっと評価ができた。

小関　すごかったですか？

山田　そうですね。修正するところはありますが、よくなる可能性はあるだろうな、という気持ちにはなりました。

小関　ドラフト当日、スカイ・Ａの控え室で球界関係者２人に「大谷は投げるのと打つのとどっちがいいと思う？」と聞かれて「バッターのほう」と答えたら、「ええ！　１６０キロ投げるのに」と言うから、「１６０ぐらい藤浪だって投げるかもしれないけど、あのバッティングはちょっといないんじゃないか」みたいな話をして。でも、今年のピッチングを見たらもうピッチャーでしょうがないという感じがします。

山田　そういう感じになってきていますね、ピッチャーを専門にやらせてみたいなという。でもバッティングのほうも捨てがたいですからね。

小関　全然バッティングの練習はしていないみたいですね。それであれができちゃうというのがすごい。

山田　だから、やっぱりすごいのは才能なんですね。

（インターネットサイト「ベースボールドットコム」より）

他球団のスカウトでもソフトバンクの永山勝氏は「打者なら即戦力」と高校時代の大谷を評価していた。球界を代表する目利きのスカウトが揃って「打者なら即戦力」と断言していたのである。いかに大谷のバッティングが高く評価されていたかわかる。そして、入団2年目に規定投球回に達し、11勝4敗、防御率2・61の成績でチームを前年の最下位から3位に押し上げる原動力になった投手としての能力の高さは今さらいうまでもない。

ここで大谷の凄さから離れて、日本ハムの他球団と異なるドラフト戦略に迫りたい。大谷に入団を拒絶されていたら前年の菅野智之（現巨人）に続く不始末である。山田氏は大谷の説得に「首を懸けた」と言い、吉村現GM・当時チーム統括本部長は（大谷に拒絶されたら）「球団にいられなかったでしょうね」と回想する。

11年菅野、12年大谷というドラフト1位指名ほど、現在の日本ハムの強さを物語るものはない。2017年の流行語になりそうな「忖度」、つまり「他人の心中を推し量る」ことを一切廃し、自分の信念のままにいい選手を指名する戦略こそ日本ハムを強くした原動力である。

重複する選手に向かう冒険心に溢れる指名

日本ハムのターニングポイントは本拠地を東京（東京ドーム）から北海道（札幌ドーム）に移転した04年である。他球団の主力選手をＦＡで獲得することがほとんどない球団にあって、補強の中心になるのはドラフト（新人補強）。ドラフトでいい指名をしたかどうかがチームの浮沈を左右するのに、東京ドーム時代の日本ハムの指名はパッとしなかった。

※日本ハムがＦＡ選手を獲得したのは04年オフ、希望するメジャーリーグ各球団からのオファーがなく身分が宙に浮いていた元ヤクルトの稲葉篤紀ただ1人。

選手の希望を取り入れる逆指名制度導入の１９９３年から北海道移転が決まる02年までの10年間、上位（上位2名）指名した大学生、社会人で成功したのは井出竜也、建山義紀の２人だけ。99年の日本一以降、プロ野球界の頂点に君臨するソフトバンク（ダイエー時代を含む）が小久保裕紀、井口資仁、松中信彦、永井智浩、篠原貴行、杉内俊哉、和田毅、新垣渚など錚々たる顔触れを指名したのにくらべると雲泥の差がある。

資金力の豊富なダイエー・ソフトバンクと同じように、逆指名（自由枠、希望枠）の対象になる大学生や社会人に向かっても駄目だと気づいた日本ハムは高校生を中心とする指名に転じて、04年にはダルビッシュ有（投手・東北）を1位で指名し、希望枠が廃止された07年以降は高校生、大学生、社会人にかかわらずその年で一番いい選手を１位指名する方針に転じる。２球団以上が重複した選手を1位で指名したのは次の通り。

07年大学生&社会人……大場翔太（投手・東洋大）※6球団重複⬇抽選負け

高校生……中田 翔（外野手・大阪桐蔭）※4球団重複➡抽選勝ち
09年……菊池雄星（投手・花巻東）※6球団重複➡抽選負け
10年……斎藤佑樹（投手・早稲田大）※4球団重複➡抽選勝ち
11年……菅野智之（投手・東海大）※2球団重複➡抽選勝ち。のちに入団拒否
13年……松井裕樹（投手・桐光学園）※5球団重複➡抽選負け
14年……有原航平（投手・早稲田大）※4球団重複➡抽選勝ち
15年……高橋純平（投手・県岐阜商）※3球団重複➡抽選負け
16年……田中正義（投手・創価大）※5球団重複➡抽選負け

11年の菅野は強烈な巨人志向を打ち出し、12年はこれまで書いてきたように直メジャーを表明していた大谷を1位で指名している。

ソフトバンクはどうだろう。07年は大場翔太と中田翔、08年は2球団が重複した大田泰示（野手・東海大相模）、10年は斎藤佑樹、12年は3球団重複の東浜巨（投手・亜細亜大）、13年は松井裕樹、15年は高橋純平、16年は田中正義と8人の実力派の獲得に向かい、抽選で4人獲得。長く球界を牽引してきた巨人は、07年が大場翔太と佐藤由規、

08年が大田泰示、11年が菅野智之、13年が石川歩、16年が田中正義と重複選手は6人にとどまり、獲得したのは大田1人。うまくいっているとはお世辞にも言えない。

そして、12球団で最も冒険心に富んだドラフトをしているのは17年前半パ・リーグの首位を快走している楽天だ。

07年は5球団重複の長谷部康平（投手・愛知工大）と5球団重複の佐藤由規を入札し、08年は2球団重複の野本圭（外野手・日本通運）、09年は菊池雄星、10年は6球団重複の大石達也（投手・早稲田大）、11年は3球団重複の藤岡貴裕（投手・東洋大）、12年は2球団重複の森雄大（投手・東福岡）、13年は松井裕樹、14年は2球団重複の安樂智大（投手・済美）、15年は2球団重複の平沢大河（遊撃手・仙台育英）と、日本ハムを上回る10人の重複選手に1位で向かい、抽選で4人を獲得しているのだ。

過去10年、2球団以上が重複した選手に最も向かわなかったのは西武の4人、次いでオリックスの5人、巨人の6人と続く。西武は82年以降経験したことのない3年連続Bクラスを続行中で、オリックスは00年以降の17年間でAクラスが2回、常勝が義務づけられている巨人は12年を最後に日本一が途絶え、リーグ優勝すら2年続けて逃している。抽選で負けても人気選手に向かうことがいかに大切か、これらのことは教えている。

ドラフトに求められるのは冒険心

もう少しドラフトの話をしたい。07〜16年の過去10年のドラフトを、単独指名と重複選手に分けて表にした（84〜85頁参照）。単独指名40人のうち大まかな目安で戦力になっているのは次の16人だ。

大野奨太（捕手・日本ハム）、筒香嘉智（外野手・DeNA）、荻野貴司（外野手・ロッテ）、今村猛（投手・広島）、今宮健太（内野手・ソフトバンク）、長野久義（外野手・巨人）、澤村拓一（投手・巨人）、大野雄大（投手・中日）、野村祐輔（投手・広島）、十亀剣（投手・西武）、武田翔太（投手・ソフトバンク）、菅野智之（投手・巨

人）、大谷翔平（投打・日本ハム）、森友哉（捕手・西武）、今永昇太（投手・DeNA）、岡田明丈（投手・広島）

また、2球団重複は11人いて（11年の菅野は日本ハムへの入団を拒否）、そのうち戦力になったのは3人。以下、3球団重複は5人中2人、4球団重複は4人中3人、5球団重複は3人中1人、6球団重複は2人中1人。つまり複数の球団が1位で重複した選手は11年の菅野を除いて25人いて、戦力になったのは10人。顔ぶれは次の通りである。

唐川侑己（投手・ロッテ）、中田翔（外野手・日本ハム）、菊池雄星（投手・西武）、東浜巨（投手・ソフトバンク）、藤浪晋太郎（投手・阪神）、石川歩（投手・ロッテ）、大瀬良大地（投手・広島）、松井裕樹（投手・楽天）、有原航平（投手・日本ハム）、髙山俊（外野手・阪神）

成功率で表わすと単独指名が40パーセント、2球団以上の重複指名が40パーセントで半々。ともに悪くない数字である。ここからわかることは、重複を恐れないで人気選手に立ち向う勇気、さらにアマチュア時代の名声に惑わされず本当にほしい人材（チームに足りないポジション）を指名することの重要さである。

重複覚悟の指名は中田、斎藤、菅野、有原、また人気よりポジション重視の指名は大野、そして直メジャーを表明した大谷の指名には「日本のプロ野球の繁栄のため」という大義が透けて見える。これほどドラフトで多彩な戦略を操る球団は日本ハム以外ではソフトバンクくらいしかないだろう。

2012年	単独指名………福谷浩司（投手・慶大→中日） 菅野智之（投手・東海大→巨人） 大谷翔平（投打・花巻東→日本ハム） 2球団重複……森　雄大（投手・東福岡→楽天） 3球団重複……東浜　巨（投手・亜大→ソフトバンク） 4球団重複……藤浪晋太郎（投手・大阪桐蔭→阪神）
2013年	単独指名………吉田一将（投手・JR東日本→オリックス） 森　友哉（捕手・大阪桐蔭→西武） 2球団重複……石川　歩（投手・東京ガス→ロッテ） 3球団重複……大瀬良大地（投手・九州共立大→広島） 5球団重複……松井裕樹（投手・桐光学園→楽天）
2014年	単独指名………高橋光成（投手・前橋育英→西武） 野村亮介（投手・MHPS→中日） 中村奨吾（内野手・早大→ロッテ） 山﨑福也（投手・明大→オリックス） 岡本和真（内野手・智弁学園→巨人） 松本裕樹（投手・盛岡大付→ソフトバンク） 2球団重複……安樂智大（投手・済美→楽天） 4球団重複……有原航平（投手・早大→日本ハム）
2015年	単独指名………今永昇太（投手・駒大→DeNA） 吉田正尚（外野手・青山学院大→オリックス） 多和田真三郎（投手・富士大→西武） 岡田明丈（投手・大商大→広島） 桜井俊貴（投手・立命大→巨人） 2球団重複……平沢大河（内野手・仙台育英→ロッテ） 髙山　俊（外野手・明大→阪神） 3球団重複……髙橋純平（投手・県岐阜商→ソフトバンク）
2016年	単独指名………山岡泰輔（投手・東京ガス→オリックス） 藤平尚真（投手・横浜→楽天） 寺島成輝（投手・履正社→ヤクルト） 今井達也（投手・作新学院→西武） 大山悠輔（内野手・白鷗大→阪神） 2球団重複……柳　裕也（投手・明大→中日） 5球団重複……田中正義（投手・創価大→ソフトバンク）

ドラフト1位の重複選手と単独指名選手

2007年 大学生&社会人	単独指名………加藤幹典（投手・慶大→ヤクルト） 5球団重複……長谷部康平（投手・愛工大→楽天） 6球団重複……大場翔太（投手・東洋大→ソフトバンク）
2007年 高校生（西武が上位指名不参加）	2球団重複……唐川侑己（投手・成田→ロッテ） 4球団重複……中田　翔（外野手・大阪桐蔭→日本ハム） 5球団重複……佐藤由規（投手・仙台育英→ヤクルト）
2008年（この年から統一ドラフト）	単独指名………赤川克紀（投手・宮崎商→ヤクルト） 岩本貴裕（外野手・亜大→広島） 木村雄太（投手・東京ガス→ロッテ） 大野奨太（捕手・東洋大→日本ハム） 甲斐拓也（投手・東海大三→オリックス） 中﨑雄太（投手・日南学園→西武） 2球団重複……松本啓二朗（外野手・早大→横浜） 野本　圭（外野手・日本通運→中日） 大田泰示（外野手・東海大相模→巨人）
2009年	単独指名………古川秀一（投手・日本文理大→オリックス） 筒香嘉智（外野手・横浜→横浜） 荻野貴司（外野手・トヨタ自動車→ロッテ） 今村　猛（投手・清峰→広島） 今宮健太（内野手・明豊→ソフトバンク） 長野久義（外野手・Honda→巨人） 6球団重複……菊池雄星（投手・花巻東→西武）
2010年	単独指名………澤村拓一（投手・中大→巨人） 大野雄大（投手・佛教大→中日） 4球団重複……斎藤佑樹（投手・早大→日本ハム） 6球団重複……大石達也（投手・早大→西武）
2011年	単独指名………野村祐輔（投手・明大→広島） 伊藤隼太（外野手・慶大→阪神） 十亀　剣（投手・JR東日本→西武） 武田翔太（投手・宮崎日大→ソフトバンク） 2球団重複……菅野智之（投手・東海大→日本ハム） ※入団拒否 3球団重複……藤岡貴裕（投手・東洋大→ロッテ） 高橋周平（内野手・東海大甲府→中日）

第3章

何が「大谷翔平」をつくったのか

末っ子、
父と子の野球ノート、
水沢リトル、
花巻東……

小学校低学年からつけていた「野球ノート」の内容

目標達成のためのマンダラートについては前に書いたが、それとは別に大谷は小学校3年になる直前から「野球ノート」をつけている。どんな内容だったのかというと、16年のリーグ優勝が決まった9月28日の翌日、スポーツニッポンが『大谷ノート』独占入手!! これが二刀流の原点」の見出しで、詳しく写真付きで紹介している。

別表を見ればわかるが、「頑張ったよ」「すごいね」のような通り一遍のやりとりはしていない。父・徹さんは黒沢尻工業高校卒業後、三菱重工横浜（現三菱日立パワーシステムズ）でプレーしたこともある筋金入りの野球人で、母・加代子さんはバドミントン選手として国体にも出場したことのあるアスリート。大谷の193センチの長身や運動能力の高さは両親から受け継いだDNAの賜物と言っていい。

この「野球ノート」を紹介したスポーツニッポンは読み応えがあった。広角に打つことを目的としたティーバッティングを行うため、全体練習の1時間前にはグラウンドに出向いていたという。広角に打つことを目的としたティーバッティングについては、「直球のタイミングで打ちにいって、ピタッと止まって変化球に合わせてミートする」という打ち方が具体的に紹介されている。この「直球のタイミングで打ちにいって～」は、以前似たようなことを聞いたことがある。

03年2月、前年の首位打者・中日の福留孝介（現阪神）を春季キャンプに取材すると、チームメートであり、なおかつ出身校・PL学園の先輩である立浪和義が行う独特のティーバッティングが落合博満（87～93年まで中日に在籍）の置き土産だったことを教えられた。なお、ティーバッティングとはコーチなどの補助者が斜め前方からトスするボールを打つ練習のことで、ティースタンドにボールを置いて打つ練習は「置きティーバッティング」と言われる。

立浪の独特のティーバッティングとはコーチなどが一拍遅らせてトスした球を打つやり方で、シーズンに入っても試合前の打撃練習で立浪はこの一拍遅らせるティーバッティングを繰り返し行っていた。その目的は緩急への対応であったり、走者なしの状況でもクイックモーションで投げてくる投手対策であったりする。

福留によると、「立浪さん以外、続ける選手はいなかった」と言う。その理由を聞くと、「難しいから」の一言。10歳そこそこの大谷少年がプロの中心選手だった立浪と同じ目的でティーバッティングを実践していたというのが驚きで、父と子の二人三脚の練習がいかに高い次元で行われていたか理解できる。

大谷翔平の野球ノート

◇3／26～27　対黒松、白河

〈大谷翔平〉

よかったこと

バッティングをつなげることができてよかったです。

わるかったこと

ピッチングでコントロールがわるかったことがちょっとだめで、2点とられたからです。

〈父・徹さん〉

ピッチャーというポジションは80%、勝率を納めるところで大事。

・指先にかけて回転をあたえる。

・体で投げること。肩で投げない。

・体をつかって、90%で投げる。

・うでをふること。

◇4／9（土）　対城南

〈大谷翔平〉

よかったこと

もも井からレフトに1本ヒットをうてたのでよかったです。でも、ふりおくれていたのでつぎはふりおくれず、センターがえしができるようにしたいです。

わるかったこと

サードへストライク返球ができなかったので、こんどはストライク返球ができるようにしたいです。

目標　練習すること

もも井みたいなピッチャーからもっとセンターがえしのヒットがうてるようにしたいです。

〈父・徹さん〉

※3つのポイントを練習すること

・全力で走っていない

・ライトゴロ返球　・ファーストへストライク返球ができていない。

・ピッチャーのコントロールにもえいきょうがでてくる。

だから、①いっしょうけんめい走ること。

②いっしょうけんめいキャッチボールを練習する。

③いっしょうけんめい大きな声で野球をする。

※スポーツニッポンが報じた大谷翔平の「野球ノート」より

父・徹さんの的確な指摘

野球ノートに戻ろう。大谷の意識の高さとともに、父・徹さんの的確な指摘や助言が目を引く。別表の対城南戦のノートには「全力で走っていない」という見出しをつけて、「ライトゴロ返球ファーストへ、サードへストライク返球ができていない」と大谷へ向けての課題が綴られている。16年9月29日配信のスポーツ報知には、徹さんの言葉として「(大谷が) 昔から人の居る場所をいろいろと見ている。右翼だったら、常にライトゴロを狙っている。確かシニアの時にセンターゴロっていうのもあった。一塁からオーバーランするところを中堅から狙ったり」とある。

ライトゴロ、センターゴロとは、普通ならライト前ヒット、センター前ヒットになる打球を、外野手が素早く一塁にスローイングしてアウトを取るプレーである。プロはもちろん、アマチュアでも数少ないプレーで、それを大谷少年はライトを守っているときは常に狙っていたという。

走塁に対しても父は「全力で走っていない」と指摘している。プロ、アマに関係なく野球選手にとって最も重要なプレーが全力疾走である。私は言葉だけでなく、ストップウォッチを使った打者走者の各塁到達タイムで、その走りが全力疾走か怠慢走塁か判断している。

全力疾走の基準値は、「一塁到達4・3秒未満、二塁到達8・3秒未満、三塁到達12秒未満」で、怠慢走塁の基準値は「一塁到達5秒以上、二塁到達9秒以上、三塁到達13秒以上」。正直に言えば、一塁到達4・8秒以上の走塁は怠慢と言っていいと思う。この全力疾走の重要性を大谷は小学生の頃から叩き込まれていた。

昨年秋の侍ジャパンの強化試合では次のような全力疾走を見せている。

11月11日のメキシコ戦の第3打席……内野安打で4・10秒
11月12日のオランダ戦の第3打席……二塁ゴロで4・08秒
第5打席……投手ゴロで3・87秒

この全力疾走が17年4月9日以降の出場選手登録抹消の原因になったと一部で非難されている。発端は16年日本シリーズ第4戦の走塁で、8回表にショートゴロを放って一塁に駆け込んだ際、右足首をひねっている。そして17年4月8日のオリックス戦では、やはり一塁に駆け込んだ際に今度は左足の大腿二頭筋を傷め、長いリハビリを余儀なくされている。

最初のケガ以来、栗山英樹監督は大谷に全力疾走と左足で一塁ベースを踏むことを禁止したが、子供の頃から身に沁みついた全力疾走をやめ、状況を見ながらセーブすることなど大谷にはできない。

完治していない中で16年シーズンオフには侍ジャパンの強化試合に出場して故障を再発。検査の結果、これらの故障が三角骨に発見された骨棘《こっきょく》が神経を圧迫しているためと判明。それでも治療・リハビリに専念させず17年のシーズン前半、野手として出場させたことが野球評論家やファンから非難されているのだが、私は非難するより、日本シリーズの故障が完治していない中で走って、全力疾走の基準値をクリアしていることのほうに驚く。

「兄弟型C=末っ子」で読み解く大谷の大舞台での強さ

大谷には7つ上に兄の龍太さん、2つ上に姉の結香さんがいる。つまり大谷は3人兄姉の末っ子である。14年の『週刊文春10月23日号』には「大谷翔平『怪物』の育て方」というタイトルで詳細に少年時代のことが綴られており、その記事の中で大谷の末っ子としての特性が時々顔をのぞかせていて興味深い。たとえば、「きょうだいの中では、翔平が一番負けず嫌いですね」という言葉や、「(年上の中に自然と入っていけるのは)末っ子気質というのもあるのでしょうが」と紹介されている。

今、手元に『兄弟型　プロ野球珍獣図鑑』（コア出版）という本がある。著者は「兄、姉、弟、妹などの生まれ順で行動パターンが決められてくる」という姉妹型、兄弟型を定義した漫画家、畑田国男氏で、その本の中で畑田さんは上に兄か姉がいる末っ子がプロ野球界において王道を極めてきたと書いている。

「C型（末っ子）の子は、両親にとって『最後の子』として、残された愛情のすべてを注ぎ込まれて育てられる。C型の子は『可愛がられている』という自信をみなぎらせ、マジメなA型（第一子）の兄姉から見ると、信じられないような大胆な行動をとる。A型の兄姉には堅実なコースを歩ませようと思っていた両親も、C型の男のコには『好きなことをさせてやろう』と考え、本人もそのように行動する」

1989年に書かれたこの本が5年後に誕生する大谷のその後を予言しているようで、空恐ろしくもある。さらに同書は「C型の選手はチャンスに強い」という見出しを立て、次のようなことを書いている。

「兄弟の中でいちばん小さいC型の子は、兄姉よりも目立つためには、より大きな声で自分をアピールしなければならなかった。そして、両親はこのアピールを『可愛い』と歓迎した。C型の選手の目立ちたがり精神は、幼児期のこんな体験に基づいている。だから、大観衆の歓声にもアガルどころか、むしろ実力以上の活躍で応えることができる。プレッシャーをエクスタシーに変える、という才もC型ならでは、である」

これらの特性を備えたC型による歴代ベストナインを畑田さんは次のように選出した（所属はその選手が最も活躍した球団にした）。

1番　張本　勲（外野手・東映など）
2番　広岡達朗（遊撃手・巨人）
3番　長嶋茂雄（三塁手・巨人）
4番　王　貞治（一塁手・巨人）
5番　バース（外野手・阪神）
6番　野村克也（捕手・南海など）

7番　落合博満（二塁手・ロッテなど）
8番　山本浩二（外野手・広島）
9番　稲尾和久（投手・西鉄）

「夢の日本プロ野球ベストナイン」と畑田さんが書いているように、プロ野球の表立った歴史が代々末っ子によって築かれてきたことがわかる。畑田さんは残念ながら1996年に亡くなっているので現在のC型＝末っ子のベストナインについては私が紹介してみたい。

投手／菅野智之（巨人）
捕手／田村龍弘（ロッテ）
一塁／中田　翔（日本ハム）
二塁／山田哲人（ヤクルト）
三塁／松田宣浩（ソフトバンク）
遊撃／今宮健太（ソフトバンク）

外野／筒香嘉智（DeNA）
近藤健介（日本ハム）
中村 晃（ソフトバンク）
DH／大谷翔平（日本ハム）

生まれ順で適性ポジションが決まるとは断言できないが、現在のプロ野球界でもC型＝末っ子が第一線で活躍していることがわかる顔ぶれだ。浅村栄斗、源田壮亮（西武）、菊池涼介（広島）、西川遥輝（日本ハム）、茂木栄五郎（楽天）もC型である。畑田理論は依然として色褪せていない。

A型＝第一子、B型＝中間子に目を転じると、キャッチャーに人材が揃っている。A型には炭谷銀仁朗（西武）、大野奨太（日本ハム）、中村悠平（ヤクルト）、梅野隆太郎（阪神）、B型には嶋基宏（楽天）、小林誠司（巨人）、戸柱恭孝（DeNA）がいて、キャッチャーは優等生タイプのA型や人に合わせることのうまいB型の適性ポジションと言ってよさそうだ。

反対に、C型＝ひとりっ子のキャッチャーは田村以外では森友哉（西武）、若月健矢

（オリックス）くらいしかおらず、田村、森も伝統的なディフェンス型というより、攻撃型キャッチャーである。目立ちたがり屋で感覚派のC型は内、外野で力を発揮するタイプなのかもしれない。

また、金田正一、東尾修、堀内恒夫、江川卓など歴代の一流投手はA型に多く、ダルビッシュ有（レンジャーズ）、田中将大（ヤンキース）のメジャー組、さらに、藤浪晋太郎（阪神）、野村祐輔（広島）、松井裕樹（楽天）、松坂大輔、千賀滉大（ソフトバンク）もA型である。

C型のピッチャーは大谷以外では、美馬学（楽天）、攝津正、武田翔太（ソフトバンク）、牧田和久（西武）、西勇輝（オリックス）、有原航平（日本ハム）、涌井秀章（ロッテ）、山﨑康晃、今永昇太（DeNA）、菅野智之、澤村拓一（巨人）、小川泰弘（ヤクルト）たちで、ピンチの場面でも表情を変えないポーカーフェイスぶりに共通点があるが、勝負どころで表情が〝猛《たけ》り顔〟に一変する大谷は、この部分ではC型らしくない。

水沢リトル時代に〝怪物〟の原型が出来上がっていた

大谷の打者としての大きな特徴はレフト方向へ放つ大きいホームランだ。キャッチャーに近いポイントでボールを捉えて、その状態から体を開かず（回さず）、押し込んでボールを逆方向のスタンドに運ぶという日本人離れしたバッティング。2015年2月12日付けのスポーツニッポンは春季キャンプ中における練習試合の第1号ホームランを1面で報じ、「芯詰まり打法」と見出しをつけた。

さらに本文では「スライス回転の打球を打つようにあえてバットを体の内側から出し

て、芯よりやや手元から押し出す（ボールを転がす）ように捉える。実際に『転がる』ことはないが、コンマ何秒、ボールとバットの接触時間が長くなることで、より力が伝わる。だから、詰まっても逆方向のスタンドに届く」と書かれている。この逆方向のホームラン元年は水沢リトルに所属していた姉体小学校のときまでさかのぼる。

水沢リトルのグラウンドは両翼65メートルで、ライトフェンスを越えるとそこには川が流れている。強打者・大谷の引っ張った打球はたびたびライトフェンスを越えて川に達したのだろう。『週刊文春　2014年10月23日号』の「大谷翔平『怪物』の育て方」には、「翔平が上級生になると、普通に打撃練習させたら一球八百円近くもする硬球が次々と川に落ちてなくなってしまう（笑）。だから翔平は引っ張り禁止にして、逆打ちの練習をさせたんです。リトル時代に三十五本のホームランを打ちましたが、そのうち十五、六本はセンターから逆方向でした」とある。逆方向に何本も大きなホームランを放つ現在の大谷の姿がぴったりと符合する。

ピッチングはどうだったのだろう。『別冊カドカワ　大谷翔平』（カドカワムック）を読むと、2学年上の佐々木大樹（内野手・花巻東➡東海大➡現室蘭シャークス）は小学校4年時の大谷を「球は速くて100キロ以上出てたけど、コントロールが悪くて、ストライクが入らないから、ピッチャーをやるのが嫌そうでした（笑）」と話している。それに続いて、「ただ、バッティングは本当にすごかったですね。四年生なのに、ホームランばんばん打ってたし」と、13年前の大谷の姿を浮かび上がらせる。

自身最後となるリトルの晴れ舞台、全日本選手権に出場したのは水沢南中学1年のときだ。チームとしても初出場となるこの大会にキャプテンとして臨み、水沢リトルはベスト16まで勝ち進む。逸話として残るのはこの全国大会出場を懸けた全日本選手権東北大会での一戦で、何と18アウト中17個三振を奪っている。キャッチャーを務めていた佐々木遼輔氏は週刊文春の中で、「その頃、翔平の球は一二〇キロ以上出ていて、マウンドから十四メートルの距離だと、体感で一四〇キロ以上になりました。スライダーのキレも凄かった。捕球できる選手がいなくて、僕はチームのコーチだった父と特訓をしてようやく翔平の球を捕れるようになりました」と振り返る。

水沢南中学2年から大谷は一関リトルシニアに入団し、練習は土、日、水、木曜の週4回、「それ以外の日は普通に友達と遊んだりしていて自主練習をすることはなかったです」とはプロ入り後の大谷の言葉である。

水沢リトルの監督をしていた父・徹さんは大谷の小学校時代を回想して、「翔平がプロに行けるなんて思っていませんでした」と言い、さらに「翔平は他の同級生と比べれば上手かったですが、子供の頃はあんなに上手かったのに、どこ行っちゃったんだろう、最近名前を聞かないな、ってケースは珍しくありません」と続ける。

私もリトルシニアの試合を約20年、間断なく見てきて同じことを思う。リトルシニアやボーイズリーグなど各種団体が参加して行われる中学生の全国大会、ジャイアンツカップは毎年、東京の各球場で行われるが、2003年、東京ドームで2打席連続してレフトスタンドにホームランを打った北海道の選手が、関東の高校に進学してからまったく試合に出場しなかった例を知っている。

中学でスーパースターになることが高校ではかえってマイナスに働いた、ということだろう。進学する高校の環境、さらに自分自身の精進や先輩、チームメートに対する態度が野球の技術を伸ばす上でいかに大切か、このことは物語っている。

佐々木洋・花巻東高監督の成長戦略

中学3年だった09年に花巻東高がセンバツで準優勝したのを見て同校への進学を決めるのだが、驚かされるのは同校の県内選手の多さだ。エース菊池雄星（現西武）がいた09年春のベンチ入りメンバーを見ると、18人中全員が岩手県出身。さらに硬式球でプレーするシニアリーグ出身者は8人、軟式球でプレーする部活出身者は10人という内訳になっている。この09年のセンバツ出場校の中で硬式出身者が少ないのは次の14校だ。

下妻二高、清峰高＝0人、富山商＝2人、掛川西高、彦根東高、開星高＝3人、高崎

商、今治西高＝4人、鵡川高、前橋商、南陽工＝5人、大分上野丘高＝6人、習志野高＝7人、花巻東高＝8人

この14校中、私立は開星高と花巻東高の2校だけ。大谷が3年のとき出場した12年春もベンチ入り18人全員が岩手県出身で、硬式出身者も菊池のときと同様に7人と少ない。菊池も大谷も硬式でプレーするリトルシニアリーグ出身だが、花巻東高の佐々木洋監督は、硬式慣れした選手を中心にスタート時の優位を保ったままゴールになだれ込もうという戦略を取らない。目標達成のためのマンダラートで明らかなように、精神的な成長を促し、それによって野球がうまくなるような道を探す。言い換えれば、選手たちがうまくなるよう、手間暇をかける。

花巻東高に入学したとき、大谷が佐々木監督に「雄星のようになりたい」と言うと佐々木氏は、「それではダメだ」と突き放す。雄星を超えようと思わなければそれ以上にはなれないというのだ。

1日13杯のご飯を義務づけて体を大きくし、打者としては強い打球を打ち、投手としては速いストレートを投げるというスペック上昇にも気を配る。100パーセントのアスリートになるため、心身ともに鍛え上げるというのが佐々木洋監督のやり方だ。

大谷の野球以外に目を向けない態度も現在まで一貫している。姉体小学校の代表としてハードル競技に出場した大谷が勝てなかったのは「勝つとまた次の記録会ありますから」と、野球以外の手間を避けるために手を抜いたという人もいる。

勉強しなかった割に成績がよかったのは、花巻東高ではテストで赤点を取ると練習に出られないので、勉強も野球の時間を確保するための手段だったと言えなくもない。肩周りをうまく使えるようにトレーニングに組み入れられた水泳は「本気でやっていたとしたら間違いなく全国で戦える選手になっていると思います」とコーチが言うくらい本格的だったが、大谷の究極の目標は野球がうまくなることなので、水泳がトレーニング以上の重みを持つことはなかった。

〝気〟を逃さない前屈みの投球フォーム

大谷の水沢リトル時代のピッチングを動画で見た印象は、「合理的で欠点の少ないきれいなフォーム」というもの。その頃、規定の6イニングを投げ、18アウト中17アウトを三振で記録したこともある。ストレートはすでに120キロに達していて、身長は他の選手とくらべても頭ひとつ抜けていた。

中学時代は父・徹さんとともに1年で130キロ、2年で135キロ、3年で140キロ出すことを目標にし、花巻東高に入学すると佐々木洋監督とともに2年で150キロ、3年で160キロ出すことを目標にし、すべてクリアしている。

動画で見た中学時代、実際に甲子園で見た高校時代、ともに群を抜く素晴らしい投手だったが、2017年現在の大谷を知っている目で見れば、中学時代も甲子園で見た高校時代も物足りない。

内側から腕を振ってテークバックでヒジを上げ、このとき腕は背中のほうに入らず、打者から見て体の陰に隠れ、腕を前に振っていくときはヒジの位置が高く、ステップする左足がグーンと長く伸び、少し遅れて上半身がマウンドの傾斜に飲まれていく——これが大谷の高校時代の投球フォームで、高校球児の手本になるような美しさだったが、昨年リーグ優勝を決めた西武戦とくらべれば、大人と子供ほど差がある。何が違うのかというと、フォームが違う。

現在の大谷のピッチングは周囲にある〝気〟(エネルギー)を屈んだ体勢ですくい取って身にまとわせ、それを投球動作の間中外に逃さず、最後のリリースでボールとともに噴出させる、という流れで行われる。〝気〟という抽象的な言葉を使って説明する薄気味悪さを私も感じるが、そういう言葉でしか今の大谷のピッチングを私は説明できない。

〝気〟を外に逃さないため体勢は常に前屈みで、マウンドの傾斜に身を預けるときでも前屈みの体勢は変わらず、それでいて軸足にはしっかり体重が残っている。この一連の流れによって伝えられるピッチングの力強さは高校時代には感じられなかったものである。

非暴力にもたらされた〝くそガキ〟エピソード

理想的な投球フォームと打者を圧倒するストレートをものにし、さらに勝負強いバッティングを得るため、大谷はあらゆる時間を野球に直結させている。プロ入り後、チームメートに食事に誘われると大谷は「お酒、飲むんですか？」と聞き、先輩たちが「飲むよ」と答えると誘いを断って合宿に居残るというのは有名な話だ。

これについては同世代の友人からの証言もある。16年のリオデジャネイロ五輪・水泳男子400m個人メドレー金メダルの萩野公介、銅メダルの瀬戸大也と都内の焼き肉店に行ったときのこと、2人のスイマーは酒を飲みながら肉を食べるのだが、大谷は一切酒を口にせず、肉もカルビや脂身の多い肉も「これ食べていいよ」と手を付けず、食後にはサプリメントを飲んでいたという。さらに、大谷が外で遊ぶと思っていた瀬戸が聞くと、「おれは遊ばないから」と一言。これらは日本ハムがリーグ優勝を決めた翌日のサンケイスポーツに載っていた話だ。

契約金の1億円や17年の推定年俸2億7000万円などは岩手県奥州市に住む両親が管理し、大谷には毎月10万円の小遣いが振り込まれるが、大谷が使うのはトレーニング代とサプリメント代くらいなのでだいぶ残るという。

こういう大谷の生活を「ストイック(禁欲的)」とは言わない。前にも書いたが、「野球に淫している」大谷は、むしろ欲望には忠実な人間と言ったほうがいい。そして、大谷からは暴力の匂いがしない。野球が好きな人間が野球だけに集中して生きてこられた幸運を特殊な例のように言うのが悲しいが、暴力は時として野球がうまくなるための「必要悪」のように是認されることがある。そういう世間に通用しない〝野球界の常識〟が大谷を通して否定されていく可能性がある。

大谷のチーム内エピソードで最も微笑ましいのが〝くそガキ〟ネタだ。2015年1

月18日配信の日刊スポーツドットコムは千葉市内の幕張メッセで行われた日本ハムグループの商品展示会に出席した大谷と上沢直之のやりとりを次のように紹介している。

「極め付きは『ゴミ箱にゴミを投げると、何割くらい入りますか?』というユニークな質問を受けた際の切り返しだ。『う〜ん…投げないですね』と返答に窮しながら、『あっ、上沢さんは投げるらしいです』と、根拠のないむちゃぶり。上沢も思わず『こいつ悪いでしょ〜。だから、くそガキって言われてるんですよ』と暴露し、反撃した。

実はチーム内では、悪ガキイメージが定着している。福岡出身の中島が言葉に方言が交じると『うわ、なんすか今の?』としつこく問い詰めたり、『本人は気付いてないけど、急にタメ口になる』(宮西) など事例は数々。チームスタッフも『本当に末っ子っていう感じ』と分析している」

こういう先輩いじりは絶対的な上下関係の中で生きてきた人間にはなかなかできない。上下関係の厳しさを経験しなかったわけではない。大谷が小学校に入る前から幼なじみとして遊び回っていた2学年上の佐々木大樹は、大谷が花巻東高に入学してきたとき同校のキャプテンをしていた。さすがに、子供の頃と同じようにため口でいいとは言えなかったが、「二人きりの時はため口でいいよ」と言ったことがあったという。しかし、大谷は2人きりになっても敬語で接し続けた。

暴力を介在させなくてもこういう節度のある態度は身につけることができる、という証ではないか。佐々木大樹と大谷のやり取りには続きがある。3年春のセンバツ大会で大阪桐蔭高に敗れた大谷は東海大に進学した佐々木大樹に電話し、ピッチングについてアドバイスを求めたという。そして大谷が夏の岩手大会の決勝で盛岡大付高に敗れたあと、佐々木大樹は大谷に電話しようと思ったが、とどまったという。

「翔平に電話しようかと思ったがしなかった。先輩からアプローチしても、かえって気を遣わせるだけだ。大樹は大学で黙々と野球を続ける」

（『別冊カドカワ　大谷翔平』所収「大谷翔平の球道を辿る　水沢・一関・花巻」より）

いい話で少し泣けてくる。こういう上下関係をこれからの野球部は築いていくべきだし、それと同時に大谷が取り組んできた技術習得の取り組み、さらに技術を支える体作りを真似することができる現在の高校球児や大学生は幸せである。

第4章

怪物の証明

日本ハム入団からの軌跡と「大谷世代」

「とりわけ残念なのは、花巻東の大谷投手をこの甲子園で見られなかったこと」

花巻東高時代はほとんど故障との戦いと言ってもよかった。2年夏（2011年）は左太ももの肉離れのため岩手大会は1試合（1回3分の2）の登板にとどまり、日大三高が優勝したその年の甲子園大会は1回戦で帝京高に7対8で敗れている。この試合で大谷自身は2番手としてマウンドに上がっているが、成績は5回3分の1を投げ、被安打6、与四死球5、奪三振3、失点3と平凡だった。このときの左太ももの肉離れは左股関節の骨端線損傷であるとのちに判明、新チーム移行後は翌年のセンバツ大会までの約半年間、ほとんどマウンドに上がっていない。

帝京戦では下半身が万全でない中でストレートが最速151キロを計測し、大谷の投手としての素質の豊かさは広く野球ファンに知れ渡ることになるが、その無尽蔵の素質が甲子園という大きな舞台で花開いたことは一度もない。そして、それでも中心打者として試合に出場、ポイントゲッターとしての役割を果たし続けたというのは現在まで続く大谷のすごいところだ。

11年秋の東北大会では準々決勝、準決勝にスタメンとして出場し、翌12年のセンバツでは1回戦で大阪桐蔭高と対戦し、藤浪晋太郎から右中間にホームランを放ち、四球で出塁した4回裏には7番打者のライト前ヒットで二塁から生還している。投げられなければバッティングや走塁でチームに貢献するというゲームへの参加意識の強さこそ大谷の最大の長所と言っていいだろう。

2012年に鳴り響く〝大谷狂騒曲〟は夏の甲子園出場を懸けて争われた岩手大会での快投から始まった。7月19日に行われた準決勝、一関学院戦の6回表、2死二、三塁のピンチで左打者の鈴木匡哉から見逃しの三振を奪ったストレートは岩手県営野球場のスピードガンに「160キロ」と表示された。

よくある高めへ抜けたボールではない。3ボール2ストライクから左打者の内角低めに火の玉のようなキレのあるストレートが飛び込んできたのである。バッターはピクリとも動けず、「ストライク」のコールを聞くしかなかった。

プロ野球でも当時160キロを投げたのは、日本人の佐藤由規（ヤクルト）と外国人のクルーン（巨人）、林昌勇《イムチャンヨン》（ヤクルト）しかおらず、そこに高校3年生の大谷が加わった。それから1週間後の7月26日、盛岡大付属高との決勝戦で大谷は再び話題の中心になる。0対1とリードされた3回表、1死一、二塁の場面で内角高めに投じた148キロのストレートが4番二橋大地に捉えられると打球はレフトポール際を越える大飛球となってスタンド中段に飛び込むのだが、ホームランとジャッジされたこの打球の通過点がフェアゾーンかファールゾーンかということでざわついた。テレビ映像を見返してもポールぎりぎりの〝際〟を通り越す微妙な打球でよくわからない。スローモーションで見ればわずかにポールの外を通過するファールのようにも見えた。

0対4になるか0対1になるかの重要な場面だけに花巻東高の抗議は3分を超え、それでも判定は覆らず試合は5対3で盛岡大付高が勝った。そして甲子園大会の閉会式で奥島孝康高野連会長（当時）は、「とりわけ残念なのは花巻東の大谷投手をこの甲子園で見られなかったこと」と発言し、大会本部の関係者は「ああいう場で申し訳ない」と陳謝した。この後日譚まで含めて大谷の存在は12年の野球界を席巻したと言っていい。

『大谷翔平君　夢への道しるべ』に書かれた若年期の海外進出の難しさ

12年夏の甲子園大会は大阪桐蔭高が春に続いて2季連続優勝を飾った。5試合中4試合に先発して36回投げ、与四死球9、奪三振49、失点3、防御率0・50という素晴らしい成績を残した藤浪晋太郎はこの学年を代表するナンバーワン投手だが、「藤浪世代」とはついに呼ばれなかった。かといって「大谷世代」という呼称も定着していない。

存在感は〝二刀流〟の迫力やメジャーリーグから高く評価される大谷のほうが上だが、甲子園大会の春・夏優勝投手という金看板や、新人年から3年連続で2ケタ勝利を挙げ、侍代表としてWBCにも選出されている藤浪のプロ入り後の実績は大谷にヒケを取らない。そういう2人に対する遠慮がマスコミ側にあって、「大谷世代」も「藤浪世代」も定着しきれていないのだろう。

さて、話は12年10月25日に行われたドラフト会議に飛ぶ。本来なら大谷、藤浪に何球団の1位指名が入札するかに話題が集まるはずだったが、この日のドラフトで注目を集めたのは、日本のプロ野球を経ずにメジャー入りを目指す大谷に1位指名があるかどうかということだった。「その年のナンバーワンを1位で入札する」方針を貫く日本ハムが大谷を1位で入札するという情報が飛び交っていたが、大谷はドラフト4日前の10月21日、マスコミを集めて直メジャーを表明している。

ちなみに、直メジャーを志したアマチュア球児は意外と多い。12年12月21日付けの日刊スポーツ紙は「日本のプロを経験せず直接、大リーグ球団と契約した日本人選手」というタイトルで57人の選手を表組で紹介している。

彼らの中で私がアマチュア時代を知っているのは14人しかいなかった。ドラフト上位候補は多田野数人（立教大・投手）、田澤純一（新日本石油ENEOS・投手）くらいしかおらず、ほとんどは名前もキャリアも知らない選手ばかりだ。そういう日本のプロ野球から声がかからなかった無名選手が一か八かの勝負をかけて渡米する、直メジャーというのはそういう世界の話である。この日刊スポーツはそのへんの事情を丁寧に書いている。

山田正雄・日本ハムGM（当時）はこの記事の中で、大谷というより大谷家に「卓球、スキー、スノボーなど向いているスポーツもあるが、野球の場合は若い時から海外に挑戦し、成功するのは難しいということを伝えた。統計的な部分を示して説明しました」と語っている。

「統計的な」資料とは、『大谷翔平君　夢への道しるべ～日本スポーツにおける若年期海外進出の考察』と題した全30ページの文書のことで、そこには日本や韓国からメジャーに挑戦した選手の苦闘が客観的に紹介され、メジャーへ進むには日本のプロ野球で経験を積むことが有利と書かれている。

日本や韓国からメジャーに挑戦した選手の苦闘もこの日刊スポーツには紹介されている。98～00年までマイナーでプレーした川畑健一郎氏（天理高➡レッドソックス）は当時の自分を「子供だった」と言い、次のようにアメリカ生活を振り返っている。

「社会に出たことがない子供ですからね。身の回りのことやらにも気を使って、力を磨く環境を作れなかった。洗濯も食事も自分で何とかしなければいけないし、言葉もしゃべれない。まだインターネットも（一般的では）ない時代ですから、よく日本の友達に電話して、1日20ドルの給料のほとんどが電話代に消えましたね」

ドラフト会議4日前の10月21日に大谷は花巻東高内で記者会見を開き、「マイナーからのスタートになると思いますけど、その中でメジャーリーグに挑戦したいなという気持ちです。小さい頃からの夢でしたし、厳しいところで自分を磨きたいというか、そういうところでやりたいなと」と語り、「自分の意見と、両親もそうですけど、周りの方の意見が食い違うところがありました」とも付け加えている。

「田澤ルール」と直メジャーへの露骨な反発

12年のドラフト会議で大谷をドラフト1位で入札したのは日本ハムだけだった。藤浪に入札したのは阪神、オリックス、ロッテ、ヤクルトの4球団で、2人以外では大学ナンバーワン投手、東浜巨（亜細亜大）にソフトバンク、DeNA、西武の3球団が入札した。

翌日の日刊スポーツを見ると、記者との一問一答で大谷は「（メジャー挑戦表明の）発表が遅くなったのが申し訳ないと思うし、そういう中でも日本ハムさんが指名してくれたうれしい気持ちと、動揺してる気持ち。それしか言えない」と言っている。

「動揺」の真意を聞かれたときには「揺らぐというか、決断した結果なので。その道に進みたいという気持ちでやっていた」と毅然としている。なおも記者は、「(日本の球団を経ないで)メジャーに行くと3年間は日本に戻れない規定があるが」と食い下がると、「戻ることを考えたら結果も残せないと思う」と跳ね返している。

この「日本の球団を経ないでメジャーに行くと3年間は日本に戻れない」は、一般的には「田澤ルール」と呼ばれている。

この大谷騒動の4年前、社会人野球の新日本石油ENEOS(現在のJX-ENEOS)に所属する田澤純一(マーリンズ)は日本のプロ野球を経ずにレッドソックスに入団している。NPB(日本野球機構)が最も恐れるのはプロのスター選手がMLB(メジャーリーグ)に行くことではなく、有名なアマチュア球児が日本のプロ野球を経ずに直接MLBに流出することである。これまでの球界でドラフト1位候補が直メジャーした例は田澤以外では02年の多田野数人投手(立教大➡インディアンズ)がいるだけである。マック鈴木こと鈴木誠も滝川二高を無名のまま中退して海を渡っている。

田澤の直メジャーはNPBには相当なショックだったようで、同じことが今後起こらないように、直メジャーがその後日本球界に戻ろうとしたときは「高校卒は3年間、大学・社会人出身は2年間、ドラフトで指名しない」という申し合わせ事項を作り、それが「田澤ルール」と呼ばれている。

花巻東高の佐々木洋監督は大谷騒動の折、大久保英昭・JX-ENEOS監督（現慶応大学監督）に電話をかけ、当時の話を聞いたという。ドラフト1位候補の直メジャーは実質的には田澤が第1号だったので、マスコミをはじめとするバッシングは強かったように記憶している。メジャーの球団からお金が渡されているのではないかという噂も立っていたようだ。

大久保氏は日刊スポーツに、「田澤ルールとか言われてね。やめてくれと、いつも思います。彼（田澤）は単純に夢を追って、こちらは成功してほしくて協力した。でも反響が大きくて後付けのルールになってしまった。後に続く選手に対してかわいそうというか……常に違和感はありますよね」と言い、大谷騒動の渦中にある佐々木氏に対しては「一番大変なのは監督の佐々木さんだと思っていました」と気づかっている。

プロ野球界はもちろん、大谷の直メジャーに対しては露骨に反発している。滝鼻卓雄・巨人オーナー（当時）の「そんなこと（直メジャー）になったら国交断絶だ。日本のドラフトが形骸化してしまう」は代表的な意見である。

ちなみに、逆指名の権利を有する有力な大学生と社会人を獲得する際、FA権取得以前より早い時期にメジャー移籍することを認める球団があったと噂されていた。当時、セ・リーグのスカウトは「それはいかんでしょ、ルール違反だ」と息巻き、近鉄、ダイエーという今はない球団のやり方を批判していた。オリックスと近鉄の合併に端を発した04年のプロ野球再編騒動の背景には、日米の対立と同時にセパの対立があったことが見逃せない。メジャー志向の強い大谷を強行指名したのもやはりパ・リーグの日本ハムである。

最後に田澤のメジャーリーグでの成績を紹介しておく。メジャー初登板は渡米した1年目の09年で、昨年までの通算成績は302試合に登板して17勝20敗、防御率3・58で、リリーフ投手としては4セーブ、79ホールドを記録している。私は日米ともプロ野球選手の成功基準を「打者は500安打、1000試合出場、投手は50勝（1セーブは0・5勝）、300試合登板」に置いているので、田澤は成功選手に入る。逆風を跳ね返してのこの成績は見事という他ない。

※2017年は6月24日現在、18試合に登板して1勝1敗、防御率6・88

大谷の心を動かした二刀流プラン

12年のドラフト会議で日本ハムが大谷を単独1位指名したあとの球界は大揺れに揺れた。大谷は「(4日前の会見で)発表して、指名されないと思っていた。ちょっとビックリして、動揺した部分もある」と語り、佐々木監督は日本ハムとの接触について「本人を含めて応対する機会をつくらなきゃいけないと思う。拒否するべきではないと思う」と、大谷が交渉の席につくことをすすめている。

大谷の父、徹さんは「言葉や文化の違いでメンタル的に心配。私たちは国内でプレーしてほしかった」と言っている。結果的にはこの両親と佐々木監督、さらに日本ハム側が作成した文書『大谷翔平君　夢への道しるべ～日本スポーツにおける若年期海外進出の考察』が大谷のＭＬＢに傾きかけた姿勢を日本側に向けさせることになるのだが、決定的だったのが日本ハム側から提案した二刀流の勧めだった。大谷は次のように回想している。

「最初はやっぱりメジャーで長く活躍したいというのが夢でしたし、そのためには早くアメリカに行ったほうがいいと考えていました。でも、何度も交渉を重ねていくうちに、資料とかでこういう道もあるんだなと教えていただきましたし、投手と野手の二刀流でやるというのも自分の中にはない考えだったので。すごく迷いましたけど、家族を含めて何度も話し合って最終的に日本ハムでプレーすることを決めました」

（『スポーツアルバムNo.47　大谷翔平』ベースボール・マガジン社）

ドラフトが行われた10月25日から日本ハム入りを決めた12月25日まで考える期間は2カ月あったわけだが、大谷のいいのは最初にメジャーに行くと決めたからその考えに固執する、という意固地さがないところだろう。11月2日の2度目の指名挨拶が大谷家で行われたときにはドラフト翌日に面談を拒否した大谷が同席し、山田正雄GMから球団の育成システムについて書かれたパンフレットを渡されている。

11月10日に初めての入団交渉が行われ、11月17日には大谷も同席した中で2度目の交渉が約1時間かけて行われ、ここで山田GMから二刀流の提案を受けた。メジャー球団との交渉では二刀流は不可能と言われていたようで、その分、日本ハム側が提案した二刀流プランは大谷の心を打った。父、徹さんはこのとき「まったくNOという感じでもない」と大谷の心境を憶測している。

このあたりの時期のことだと思うが、リーグ優勝した翌日のサンケイスポーツに面白い話が紹介されている。大谷家の愛犬、ゴールデンレトリバーの「エース」を擬人化した記事だ。見出しには「ドラフト後のあいさつで当時の山田GMが一緒に遊んでくれて家族と打ち解けたよ」とある。どういうことかというと、山田氏が大谷家を挨拶のために訪れたとき、「エース君にも会いたいです」と言って一緒に遊んだらしい。

「ボクがすっかりうれしくなっちゃったら、難しい顔をしていた翔平くんも、家族のみんなも笑った。『犬好きの人に悪い人はいないわ』ってお母さん（加代子さん）が言ったんだよ」

これは擬人化された愛犬の言葉である。こういう経緯もあって困惑していた大谷の心が徐々に融和に向かっていった。

11月26日には奥州市内のホテルで栗山英樹・日本ハム監督が初めて交渉に当たり、ここで栗山氏から「大谷がメジャーで活躍するためのプラン」が提示された。大谷は「けっして説得ではなく、自分の立場を親身になって考えてくれました」と好印象を語り、12月3日には栗山監督を交えた交渉で契約金と年俸の提示が行われ、この段階で大谷の日本ハム入りがほぼ決定的になる。

12月25日に契約金1億円（出来高5000万円）、年俸1500万円（推定）で正式契約が交わされたあと札幌市内のホテルで入団会見が行われ、二刀流について聞かれた大谷は、「どっちでも頑張りたいです。やる以上は目指したいです」と答えている。

日本ハムフロントが描いた大谷入団後の未来予想図

ここで日本ハムのドラフトに臨む際の戦略を考えてみたい。まず、有力選手の流出とチーム成績という視点で見てみよう。日本一になった06年以降、有力選手の流出・引退は次の通りである（年度横の順位はリーグ成績）。

07年／1位　岡島秀樹⬇レッドソックス、小笠原道大⬇巨人、SHINJO（新庄剛志の登録名）⬇引退

08年／3位　金村　曉⬇阪神

10年／4位　藤井秀悟⬇巨人、スレッジ⬇横浜
11年／2位　建山義紀⬇レンジャーズ、森本稀哲⬇横浜
12年／1位　ダルビッシュ有⬇レンジャーズ
13年／6位　田中賢介⬇SFジャイアンツ、糸井嘉男⬇オリックス
14年／3位　鶴岡慎也⬇ソフトバンク
17年／？　陽 岱鋼、吉川光夫、石川慎吾⬇巨人

日本一になった06年、リーグ優勝した09年を見ればわかるように主力が残った年は強い。しかし、最も痛手が大きかった07、12年にもリーグ優勝しているところに日本ハムの強さの秘密がある。

07年に抜けた小笠原、SHINJOの穴は打率・334で初の首位打者を獲得した稲葉篤紀（05年にヤクルトから移籍）と初の打率3割に到達した森本稀哲が埋め、12年に抜けたダルビッシュの大穴は、防御率1位、ベストナイン、MVPを獲得したプロ6年目の吉川光夫が埋めた。1回なら偶然と言われても仕方ないが、6年間で2回あれば偶然とは言えない。こういう備えをきちんとしているのが日本ハムの大きな特徴である。

将来を見据えた選手起用の好例が、田中賢介がゲーム中の故障でチームを離脱した12年8月29日以降の30試合である。

20歳の西川遥輝を3番・二塁、21歳の杉谷拳士を2番右翼、同じく21歳の中島卓也を9番遊撃という具合に若手をスタメンで抜擢し、窮地を脱しようとした。結果的にそれ以降18勝9敗3分け、勝率・667で乗り切り、2位西武を3ゲーム差引き離して3年ぶりの優勝を果たすわけだが、次代の陣容を想定しながら目の前のゲームに勝つという至難の技をやってのけたところに日本ハムの凄さがある。

翌13年は田中のメジャー挑戦とともに主力打者の糸井嘉男（右翼手）のオリックス移籍が重なり、そのタイミングで大谷を1位指名している。糸井は本格的な野手転向以降、4年連続して打率3割以上を記録し、通算安打はその間638本に達している。この糸井の後釜に大谷はぴったりはまる。

私は連載しているNumber Web（文藝春秋）に大谷の打者としての可能性に注目して、次のような文章を書いた。

この大谷が糸井に代わってクリーンアップに入った近い将来の打順を想像してほしい。

1番　陽 岱鋼　（中堅手）
2番　西川遥輝　（二塁手）
3番　大谷翔平　（右翼手）
4番　中田 翔　（左翼手）
5番　小谷野栄一　（三塁手）
6番　稲葉篤紀　（一塁手）
7番　ホフパワー　（指名打者）
8番　中島卓也　（遊撃手）
9番　大野奨太　（捕手）

稲葉、小谷野たちベテラン・中堅に代わって杉谷拳士、谷口雄也、近藤健介たち20歳代前半の若手が入れ替わることも考えられる。この可能性を秘めた近未来打線も、大谷が希望するポスティングシステムによるメジャー挑戦を認める方向性なので、実現しても寿命は長くない。ＦＡ制度導入以降、主力選手ほどチームにとどまる期間が短いパ・

リーグに宿命づけられた、パッと咲いてパッと散る打ち上げ花火のような打線ではないか。

（2012年12月12日、「詳説日本野球研究」より）

この予言的な文章は4年半が経過した現在、ほぼ的中している。私がすごいのではない。理想的な若返りを寸分の狂いなく実現できる日本ハムという球団の、未来予想図の描き方が優れているのである。大谷がメジャーに挑戦したあとの未来予想図も当然、出来上がっているはずなのでどこかで紹介したいと思う。

1年目から吹き荒れた大谷旋風

大きな注目を集めプロ入りした大谷は新人年の2013年から素質の片鱗をのぞかせた。3月21日の楽天とのオープン戦では8回表からリリーフで登板し、1回を1安打、2三振に抑え、ストレートの最速は157キロを計測した。

それより11日前の3月10日、ヤクルトとの教育リーグ戦が鎌ヶ谷スタジアムで行われ、プロ初登板の大谷を見ようと、入場券を求める人の列が勇翔寮方向まで長く伸び、大谷の人気を再認識させられた。

この試合、大谷が2番手で登板したのは晴天で暖かかった天候が一転して黒い雲に覆われた6回表だ。猛烈な風が吹き荒れる中、大谷は最速152キロのストレートにスライダーを織り交ぜる安定したピッチングを展開、時折投げる90キロ台のカーブのブレーキも強烈で、2回を被安打1、奪三振2という内容で無失点に抑えている。

教育リーグとは名前の通り、若手が技術を研鑽する場である。日本ハムは2番松本剛（遊撃手・2年目20歳）、4番石川慎吾（左翼手・2年目20歳）、5番近藤健介（捕手・2年目・20歳）、8番宇佐美塁大（指名打者・1年目19歳）、9番森本龍弥（三塁手・1年目19歳）など高校卒1、2年を中心とする若手野手がスタメンに顔を並べ、20歳代は9人中8人。それに対してヤクルトのスタメンで20歳代は1番川端慎吾など8人中4人で、現在も球界に残っているのは川端、川島慶三（現ソフトバンク）の2人しかいない。

日本ハムは松本が2017年の交流戦で広島の丸佳浩とともに日本生命賞を受賞する成長株、石川は巨人に移籍した今季、昨年までの通算安打を上回る42安打を放ち、5番近藤は腰部椎間板ヘルニアで欠場しているがそれまで打率・407を記録、パ・リーグの打撃成績1位に君臨し、森本は今季初めて一軍の打席に立っている（いずれも成績は6月23日現在）。4年経った今だからこそ、こうした球団の取り組む姿勢がプラス面として鮮明にあぶり出されてくるのである。

大谷の新人年、2013年に話を戻そう。3月29日の西武との開幕戦は8番・右翼手としてスタメンに名をつらねて5回表に岸孝之からライト線を破る二塁打を放ち、打者としての即戦力ぶりが際立っている反面、投手としては4月11日のロッテとの二軍戦に先発し、4回投げ3失点している。1回の1失点は内野安打に2つの四球とみずからの一塁けん制悪送球に内野のエラーが絡んだもので、2回の2失点は文句なしの3安打で喫したもの。

体に密着したバックスイングが見事で、テークバックのときの右ヒジの位置が高く、さらに右腕が体の中に収まって背中のほうに入ることがない。まさに百点満点の投球フォームと言っていい。変化球はスローカーブがしっかりコントロールでき、スライダーはややキレを欠くが、ストレートとの緩急という視点で見ると手が出てしまうボール。

これほど素晴らしくても一軍では野手として出場することが多いので、投手としての調整は中途半端になってしまう。このときは二刀流が大谷の将来に禍根を残すと思っていた。

6月26日のソフトバンク戦は先発して6回を投げ、被安打4、奪三振5、与四球2、与死球1、失点3という見事なピッチングを見せた。TVで試合を見ていた妻が「よくなかったみたいだね」と言ったのは、解説者がカーブ、スライダーを多投する大谷に対して「志が低い」という意味の批評をしたためだが、私は逆にカーブを使って緩急のパターンを作り上げた大谷が大きく成長したと思った。

1回、3番内川聖一に152キロのど真ん中ストレートをバックスクリーンに放り込まれ、2回には長谷川勇也に144キロのストレートをレフトスタンドに放り込まれる。ここまではそれまでの大谷の姿である。「上背があって投球フォームが美しく、ボールが速く、三振が取れる」いわゆるマスコミ受けする本格派だが、大事なところで勝ち切れない。高校時代から続く、大きな弱点である。

しかし、3回からピッチングがガラッと変った。スライダー、カーブを多投し、緩急を使い始めたのだ。これを「志が低い」と言っては、プロ野球史上の名投手はすべて志が低いことになる。金田正一(元国鉄など)や堀内恒夫(元巨人)はカーブをこれでもかというくらい投げ、勝負どころで目の覚めるような快速球を投じて打者を打ち取った。これはすべて、直曲球が交わることによって生まれる緩急の妙である。

大谷でとくによかったのはカーブだ。103~107キロで縦に大きく割れるボールで、ストレート狙いの各打者は待ち切れない。6回無死一、二塁の場面で打席に立った内川は、103キロカーブ（ボール）➡121キロ縦スライダー（ファール）➡125キロ縦スライダー（見逃し）➡内角150キロストレート（ファール）と攻められ、5球目の106キロカーブを引っ掛けて三塁ゴロ併殺に倒れた。

続く2死三塁の場面で打席に入った松田宣浩にカーブを左前に打たれたのは、この球が111キロと比較的速く、速い分変化が縦にならず斜めになったためだろう。100キロ台の縦割れカーブならヒットにできなかったと思う。

この日のピッチングで大谷は打者を打ち取るコツをつかんだ。序盤で緩急をたっぷり使えば中盤からストレートを主体にしたピッチングが可能になり、ファンが喜ぶスケールアップした姿だってアピールできる。16年のリーグ優勝を決めた西武戦がまさにそういうピッチングで、ストレートの割合は6割台から4割台に減っている。減った分、各打者はストレートの速さになれることができなかった。

ライバルの競演に沸いた13年のオールスターゲーム

13年は投手としては13試合に登板して3勝0敗、防御率4・23と数字だけ見れば平凡だが5月23日のデビュー戦でストレートが最速157キロを計測し、オールスターゲームではリリーフしたあとにレフトに入るリアル二刀流を披露、凄みでもエンターテイメントでもファンを魅了する存在だと再認識させられた。

打者としては77試合に出場して打率・238、本塁打3、打点20と、こちらも数字だけ見れば平凡だが、45安打は松井秀喜（元ヤンキースなど）が巨人1年目に放った41安打を抜いて高校卒史上4位の記録だった。

藤浪晋太郎も前評判の高さを証明している。13年4月14日のDeNA戦でプロ初勝利を挙げるとオールスターまで6勝3敗、防御率2・86で通過し、ファン投票は前田健太（広島）、小川泰弘（ヤクルト）に次ぐ第3位の支持を得、監督推薦でオールスターに出場した。対する大谷は外野手部門で糸井嘉男（オリックス）、中田翔（日本ハム）に次ぐ第3位で、ライバル同士の夢舞台での対戦が大きな話題を呼んだ。

この本のテーマではないが、13年オールスターゲームの第1戦は、同学年の田中将大（楽天）と前田健太（広島）の生涯初対戦の舞台でもあった。田中はストレート主体で151キロのツーシームや148キロのカットボールを内外、低めに投げ分ける本格・技巧の冴えを見せつけ、前田は27球中、ストレートが24球という力の投球を展開、田中との最後の対決に花を添えるようだった。現在は田中がヤンキース、前田がドジャースの主戦投手として活躍しているので、日本を舞台にした最後の対決は一層感慨深く思い出される。

さて13年球宴の第1戦、大谷は5回表にリリーフに立っている。13球すべて150キロを超えるストレートを投げ、2安打されながら無失点に抑えている。注目は6回表にマウンドには向かわずレフトの守備に就いていることだ。

オールスターゲームで投手と野手を兼任した先輩に96年のイチロー（オリックス）がいる。セ・リーグの指揮を執る野村克也・ヤクルト監督は松井秀喜のところでマウンドに上がったイチローに対し、投手の高津臣吾（ヤクルト）を代打に送っている。「球宴といえども松井ほどの打者に花相撲の相手はさせない」という意思表示だが、大谷の二刀流にはこのときのような相手チームからの反感が感じられない。

第2戦はパ・リーグの1番に大谷が座った。1回表、セ・リーグの先発・菅野智之（巨人）が投じた2球目の外寄り150キロストレートを長いリーチで捉えた打球は右中間の深い位置に達し、大谷は広いストライドで一塁を走り抜けて、二塁にスライディングしている。テレビ観戦で計測したこのときの二塁到達タイムは8秒前後（録画した画面で2回計って7・9秒台と8・0秒台が出た）。私が俊足と認める打者走者の各塁到達は「一塁到達4・3秒未満、二塁到達8・3秒未満、三塁到達12秒未満」なので十分俊足と認められる。

この第2戦でセ・リーグの3番手として6回表からリリーフしたのが藤浪である。大谷の模範的な美しい投球フォームとくらべ、藤浪は非常にクセが強い。

テークバックで右腕が深く背中のほうに入り、腕の振りは大谷のオーバーハンドに対してスリークォーター。インステップしてから開き気味のフォームで投げるストレートは高く浮き、右打者はボールが当たりそうで怖いが、このクセの強さは藤浪の場合、弱点でもあり強みでもある。

2番長谷川勇也（ソフトバンク）に6球目をレフト前に運ばれたあと3番内川聖一（ソフトバンク）を遊撃ゴロで併殺に取り、大阪桐蔭高の先輩、4番中田翔（日本ハム）には1、2球目の超スローボールが高めに外れ、このとき中田がマウンドに詰め寄るという新喜劇のようなパフォーマンスを見せ、観客席をどっと沸かせた。

勝負を度外視してこの13年のオールスターは、新旧交代の波を強く感じさせた。セ・リーグには菅野、藤浪、三嶋一輝（DeNA）、小川泰弘、石山泰稚（ともにヤクルト）と5人の新人が選出され、パ・リーグには大谷がいた。野球界に新たな波が押し寄せてきたと思った。

未来の日本球界を引っ張る「大谷世代」

少し時代をさかのぼって、各世代の先行ランナーについて考えてみた。イチローがドラフトされた91年組にはイチローのあとに続いてメジャーに挑戦する選手が多かった。田口壮（02年〜）、石井一久（02年〜）、中村紀洋（05年〜）、斎藤隆（06年〜）たちだ。イチローが野手だったこともあり田口、中村は自らの可能性に目を向け、田口はレギュラー扱いされない中、カージナルスなどで8年プレーし、メジャー通算打率・279（安打382）という立派な記録を残している。

日本人メジャーの草分けと言ってもいい野茂英雄（95年ドジャース入団）がドラフトされた89年組も佐々木主浩（00年〜）、新庄剛志（01年〜）、小宮山悟（02年〜）が野茂の後を追うようにアメリカに渡っている。

佐々木が4年間のメジャー生活で通算129セーブを挙げたことは想定内だが、新庄が1年目にメッツで107安打、10本塁打放ち、打率・268を残したことは正直驚いた。日本時代と大して成績が変わっていない上に、SFジャイアンツ時代の02年にはワールドシリーズに日本人選手として初めて出場し、ヒットも1本打っている。

松井秀喜が1位指名された92年組のメジャー挑戦者は松井以外1人もいないが、大学に進んだ同級生の96年組の井口資仁（05年〜）、黒田博樹（08年〜）がメジャーに挑戦した。井口はホワイトソックス1年目の05年、ワールドシリーズの優勝に貢献し、黒田はメジャー通算79勝が示すようにドジャース、ヤンキースの主戦投手として大きな足跡を残した。

ちなみに、この96年組には井口、黒田以外にも大塚晶則（04年〜）、岩村明憲（07年〜）がメジャーの主力として活躍している。メジャー昇格は果たせなかったが、マイナーリーグや独立リーグでプレーした入来祐作（06年〜）、森慎二（06年〜）、三澤興一

（08年〜）もいて記憶に残る世代である。

98年は松坂世代が脚光を浴びた。松坂大輔（西武）と同じ高校卒に藤川球児（阪神）、東出輝裕（広島）、森本稀哲（日本ハム）がいるが、大学・社会人出身の上原浩治（巨人）、福留孝介（中日）、小林雅英（ロッテ）、岩瀬仁紀（中日）たちの活躍のほうが目立つ。

彼らの中で岩瀬以外の3人と建山義紀（日本ハム）がのちにメジャーリーグでプレーし、上原は42歳になる現在もリリーフ投手として第一線で活躍している。松坂と同学年で大学に進学した02年組では和田毅がメジャーリーグでプレーしている。世代の先行ランナーが活躍すると、後続する選手はその姿を目にとどめ、踏み固められた道をしっかり歩いていくことができるという証である。

それ以降のメジャー挑戦をドラフト年次に従って見ていくと青木宣親、ダルビッシュ有、田中将大、前田健太という名前が出てくるが、07年の村田透（日本ハム）を最後に名前が途絶えている。メジャーリーグのハードルが上ったのか、日本球界の国際認知度が上がり、あえてメジャーに活躍の場を求めなくても精神的な満足感を得られるようになったのか。

そのような長くメジャー挑戦が途絶えた今、12年ドラフト組の先行ランナーとして大谷がメジャーリーグに挑戦しようとしているのである。

あえて〝大谷世代〟と言いたい。実はこの世代、各球団の主力選手が多い。まず17年のWBCに出場しているのが菅野、則本、藤浪、鈴木誠也（広島・外野手）の4人で、16年のプレミア12に出場しているのは大谷、菅野、則本、小川泰弘（ヤクルト・投手）の4人。彼ら以外でも、東浜巨（ソフトバンク・投手）、井納翔一（DeNA・投手）、増田達至（西武・投手）たちがいる。

08年の統一ドラフト以降で見ても、10年組と大谷、藤浪がいた12年組に逸材が多い。10年の先行ランナーは大学生の即戦力投手と言われた斎藤佑樹（日本ハム）、大石達也（西武）だったが、プロ入り数年後に山田哲人（ヤクルト・二塁手）、西川遥輝（日本ハム・外野手）や育成ドラフトからのし上がった千賀滉大（ソフトバンク・投手）など高校卒が台頭し、大学・社会人出身では牧田和久（西武・投手）、柳田悠岐（ソフトバンク・外野手）、秋山翔吾（西武・外野手）たち2位以下の選手が世代を引っ張っている。アマチュア時代の注目がプロでも途絶えないのは簡単ではないということである。野茂、松井秀、松坂、ダルビッシュ、田中将の偉大さがこういうところでよくわかる。

今後メジャーに挑戦しそうな選手は、09年組の筒香、菊池雄星（西武・投手）、10年組の山田、柳田、千賀、11年組の武田翔太（ソフトバンク・投手）たち、そして、大谷たち12年組には少なく見積もっても大谷、則本、菅野、藤浪、鈴木誠がいる。大谷がメジャーリーグで活躍し、同年代や近い世代に与える波及効果を考えれば、日本球界はメジャーのマイナー組織化するのか、という類のネガティブな発想は意味をなさない。

チームの柱が抜ければ1、2年の空白期間はできるが、新陳代謝が活発化してむしろ以前より強いチームができるというのは日本ハムをはじめとするパ・リーグ各球団が証明している。そして他球団の主力選手を数多くFAで獲得するチームはゆっくり弱体化に向かっていく、これも近年の顕著な流れである。当然、球団フロントが抱いていた主力選手を放出することの危機感は以前ほど強くはない。

大谷がメジャーリーグでプレーすることのメリットは、その活躍に触発された若年層の野球熱の活発化である。17年6月23日（日本時間6月24日）、ヤンキースタジアムでダルビッシュと田中の対決があり、ダルビッシュは7回投げて被安打2、奪三振10、失点0、田中は8回投げて被安打3、奪三振9、失点0という屈指の投手戦を演じた。

大谷がアメリカに渡ってダルビッシュ、田中、前田、岩隈と投げ合い、この日のダルビッシュ対田中のような投手戦を演じれば、それは子供たちの「野球をやろう」という強い動機づけになる。そういう役割をこれからの大谷には期待したい。

完成度を増した2014年の二刀流

もう少し大谷の二刀流の歩みを振り返ってみたい。2014年は投手として24試合に登板して11勝4敗、防御率2・61、打者としては87試合に出場して打率・274（安打58）、本塁打10、打点31と見事だった。6月4日の広島戦では前田健太と投げ合い、ストレートがプロで自身初の160キロを計測、5回、1失点で5勝目を挙げた。それ以前の日本球界で160キロを超えた選手は次の4人しかいない。

クルーン（巨人）162キロ……08年6月1日、ソフトバンク戦（ヤフオクドーム）

佐藤由規（ヤクルト）161キロ……10年8月26日、横浜戦（神宮球場）
林 昌勇（ヤクルト）160キロ……09年5月15日、阪神戦（神宮球場）
マシソン（巨人）160キロ……12年7月5日、DeNA戦（横浜スタジアム）

大谷の160キロは2年ぶりの快挙だったわけだが、すごいのはこの大台超えが先達のように単発で終わらなかったことだ。同月11日の巨人戦に記録したのに続き、18日の阪神戦は2回裏のゴメスへの3球目に飛び出し、さらに今成を2ナッシングから遊び球なしで3球三振に取った球が160キロのストレートだった。6回2死からチーム初安打を放った大和のコメントは「(スライダーを) 全然、狙ってなかった。たまたまバットを振ったら当たった。真っすぐがとても速かった」というもので、このときの大谷の迫力を物語っている。

7月19日の甲子園球場で行われたオールスターは第2戦で先発した。まずセ・リーグの先発、藤浪が1回表、ストレート一辺倒の配球で4点取られた。1番柳田には153キロ、154キロ、156キロ、155キロと150キロ台中盤のストレートを投げ続け、6球目の153キロをセンター前に運ばれた。走者を三塁に置いて場面では糸井に

153キロをセンター前にタイムリーを打たれ、6番ペーニャ（オリックス）に打たれた特大のホームランは153キロだった。

対する大谷もストレートを主体にしたピッチングを貫いた。投げたイニングは1回だけだが、23球中12球が160キロを超える迫力だった。まず先頭の鳥谷敬（阪神）に初球から161キロ、162キロと続け、レフト前に運ばれたヒットは160キロだった。2番山田哲人を159キロの高めストレートで空振りの三振で退けたあとバレンティン（ヤクルト）に160キロを軽打され、マートン（阪神）には157キロをライト前にタイムリーされ、2回以降のマウンドを金子千尋（オリックス）に譲った。

それから約1カ月後、栗山監督はテレビ番組「スポルト」で「応援はするけど、褒めることはない。だれもやったことがないことをやる、漫画みたいな世界の選手を作るっていうのは大きなテーマ」と発言している。

プロで初のタイトルを獲得したのは2015年だ。投手として15勝5敗、防御率2・24を残し、最優秀防御率、最多勝、勝率1位に輝き、ベストナインにも選出されている。獲得できなかったのは最多奪三振（則本昂大が215個で2年連続受賞）だけで、この年の大谷の充実ぶりがわかる。3、4月には負けなしの5連勝を飾って月間MVP

に選出され、5月14日の西武戦で失点するまで35イニング無失点という無敵ぶりだった（連続無失点のプロ野球記録は金田正一の64回3分の1）。

ただ、打者としては70試合に出場して打率・202（安打22）、本塁打5、打点17と低調で、私はこれを機に二刀流に見切りをつけるのかな、と思った。シーズン終了後の11月に行われた国際大会、プレミア12では予選ラウンドと準決勝の韓国戦に登板、6、7回を完全に封じ込める内容で、ますますその感を強くした。

11・5ゲーム差からの大逆転劇を演出した打者としての迫力

大谷の素質が完全に開花したのは今のところ2016年である。投手としては規定投球回に3イニング足りなかったものの10勝4敗、防御率1・86は見事。栗山監督は、これから世界を相手にしていく大谷にとって日本球界でのタイトルなど無意味と思い不足分の3イニングを投げさせなかったのだが、優勝を決めた9月28日の西武戦の完封劇から2日後、チーム最終戦となるロッテ戦に中1日でも3イニング投げれば規定投球回に達し、防御率のタイトルを獲ることは可能だった（防御率1位はロッテ・石川歩の2・16）。

ソフトバンク相手のクライマックスシリーズ・ファイナルステージの初戦が10月12日に行われ、大谷は先発して7回を1安打に抑え勝利に貢献しているので起用法に異論はないが、記録マニアとしては2年連続でタイトルを獲ってほしかった。

さて、このシーズンが今後長く語り継がれていくと思うのは、記録的な大逆転の末に日本ハムが頂点にたどり着いているからだ。6月24日の時点で首位のソフトバンクと3位日本ハムの間には何と11・5ゲームという大きな差がついていた（ソフトバンクと2位ロッテは7・5ゲーム差）。それが8月25日には首位が逆転し、そこから約1カ月間熾烈な優勝争いが続いた。ちなみに、6月25日の毎日新聞朝刊運動面の見出しには「首位タカ単独飛行」とあった。「単独飛行」ですよ。

日本ハムがこの強いソフトバンクに迫ることができたのは6、7月の好調に負うところが大きい。6月19日から7月11日にかけて破竹の15連勝を成し遂げ、17日前に11・5あったゲーム差はこの時点で5に縮まっていた。ソフトバンクが低迷していたわけではない。6月の成績は16勝6敗と好調を維持し、日本ハムに5ゲーム差に迫られた7月11日時点での勝率はまだ6割8分4厘と圧倒的だった。

このソフトバンク追撃に大きく貢献したのが打者・大谷だ。

15連勝したときの成績は打率・389という高率で、先発投手を務めた6月26日のオリックス戦は指名打者制のパ・リーグでありながら「5番・投手」、7月3日のソフトバンク戦は「1番・投手」に入り、3打数1安打、2打数1安打の成績を残し、投手としてはオリックス戦が7回無失点、ソフトバンク戦が8回無失点という快投を演じている。こういう選手はちょっと記憶にない。

大谷が打者に専念したのは、7月10日のロッテ戦で右手中指の皮がむけて途中降板してからの約2カ月間だ（投手としてはこの間、2試合、3イニングの登板にとどまる）。それまでの打撃成績は打率・341（安打42）、本塁打10、打点27。

こういう立派な成績を残した選手に対しては攻めが厳しくなるのが当然で、一刀流になった当初の3試合（7月12日から18日）は11打数2安打1打点と苦戦する。しかし、一刀流の助走期間を終えた7月20日から9月11日までの40試合、大谷のバットは154打数50安打33打点、打率・325と好調で、ホームランは12本を数えた。

二刀流に戻った9月13日以降も打撃は好調を維持し、1ゲーム差で首位だった9月25日の楽天戦では8回裏に同点打を放ち、延長11回には先頭打者として二塁打を放ち、三塁に進塁したのち相手投手の暴投でサヨナラのホームを踏んでいる。

イチローに匹敵するスーパースターに昇りつめた2016年の二刀流

大谷の16年度の各種記録を調べて驚かされるのは重要な試合での勝負強さである。勝ち試合と負け試合の打撃成績をくらべてみよう。

勝ち試合……200打数75安打54打点16本塁打、打率・375
負け試合……110打数26安打10打点5本塁打、打率・236
引き分け……8打数1安打2打点1本塁打、打率・125

勝ち試合での好成績をみれば、チーム内での打者・大谷がいかに大きな存在になっているかわかる。15年まではボールゾーンに落ちる変化球を追いかけて凡打、空振りに倒れる場面が多かったが、16年はキャッチャー寄りでしっかりボールを捉えられるようになり、ミスショットが少なくなった。差し込まれても逆方向に持っていける自信がついたことが、そういう懐の深いバッティングを可能にしたのだろう。

首位を争うソフトバンク戦での好成績も見逃せない。19試合に出場してヒットが出なかったのは7月30日の1試合だけで、あとの18試合はすべてヒットを放っている。複数安打が9試合あり、このうち3安打以上の猛打賞が3回ある。対戦成績は次の通りである。

ソフトバンク戦の打撃成績……打率・４１１（安打30）、本塁打９、打点16

首位まで6ゲーム差に迫った8月6日は千賀滉大、嘉弥真新也からそれぞれホームランを放っている。１本目は千賀の外角高めの１４８キロストレートをヤフオクドームのレフトホームランテラスへ、２本目は左腕・嘉弥真の１３８キロストレートを捉えてセンター方向へ放ち、これは推定130メートルの大アーチとなった。

大谷はピッチングでもソフトバンクを圧倒している。4試合に先発して2勝0敗、防御率1・26という迫力で、奪三振率10・05、与四球率3・5と投球内容も安定している。正確なコントロールがありながら死球が4と多いのは、いかに大谷がソフトバンク各打者の内角を攻めているかを表している。

ストレートがプロ野球最速の165キロを計測したためストレートにばかりスポットライトが当たるが、今季は最初からエンジンを全開にするのではなく、ここぞというときまで160キロ超えを温存していることが目立つ。交流戦の巨人戦ではフォークボールから入ってスライダー、ストレート、あるいは158キロのストレートで入り、2、3球目にカーブを続けるということがあった。

その巨人戦では1、2回にストレートが150キロを超えたのは1球しかなく、フォークボールをスライダーのような感覚で使う配球が目を引いた。それが3回からストレート主体のピッチングに変わり、結果的に150キロ超えが40球、160キロ超えが5球という力のピッチングを展開、2失点完投で巨人を封じ込めた。

この技巧色が加わったピッチングがバッティングに好影響を与えているのか、奥行きを増したバッティングがピッチングに好影響を与えているのかわからないが、以前のような「二刀流の是非」で大谷の未来を占うような批評は意味をなさなくなった。

空想の世界では1シーズンの中で投手として10勝、打者として100安打というのがあるが、それはあくまでバーチャルな妄想世界の話で、まさかそれを現実にしてしまう選手が現れるとは思わなかった。ある部分で大谷はイチローに匹敵するスーパースターと言っていい。

第5章

大谷翔平が拓く新たな地平

メジャーでも二刀流の再現はなるか？

アリゾナの春季キャンプにメジャー関係者がずらり

2015年まで大谷に対してメジャーリーグ関係者は「二刀流は無理。投手で挑戦するべき」という意見が圧倒的だった。日本ハムなどで活躍し、メジャーリーグ中継の解説でも知られる高橋直樹氏はその当時、「大金を出して獲得する選手にメジャーはそんなリスキーなことはさせない」と言い、さらに「各チームとも、DHは最も年俸の高いスラッガーが打つだろうし、守る場所もない。せっかく投手として可能性があるのだから、本気でメジャーを目指すなら打者は早々に諦めるべきです」と続けた。

それから3年が経って、大谷は16年に投手として10勝を挙げ（あと3イニング投げれば防御率1位のタイトルを2年続けて獲得していた）、打者としても104安打を放ち、打率・322、本塁打22、打点67というとんでもない記録を打ち建てた。

昔なら、「日本の実力はメジャーと3Aの中間くらい。そんなところで挙げた成績は参考にならない」と切り捨てられていたかもしれない。しかし、今の日本はメジャーリーガーが大挙して参加する国際大会、WBC（ワールドベースボールクラシック）の1、2回大会に優勝し、世界野球ソフトボール連盟（WBSC）が認定するアンダー世代からトップチームまでのすべてを含めたその国全体の「野球国力」を示すランキングで、14年11月以降トップを維持している。その実力を「メジャーと3Aの中間くらい」と大きな声で言う人物は、メジャーリーグ最多安打を記録しているピート・ローズくらいしかいないだろう。

メジャーリーグにはダルビッシュ有、田中将大、前田健太がいて、さらに15年にオリオールズ相手にノーヒットノーランを演じている岩隈久志（マリナーズ）やリリーフ投手として活躍する上原浩治（カブス）、田澤純一（マーリンズ）という実力派の投手が勢ぞろいし、数こそ少ないがイチロー、青木というヒットメーカーもいる。彼らの活躍もあって、日本が誇る〝二刀流〟大谷の力を過小評価するメジャー関係者は数少ない。

16年アリゾナキャンプ期間中に行われた韓国との練習試合を報じる写真が日刊スポーツの2、3面に大きく掲載されていたが、一般ファンらしき人物が非常に少なかった。シャッターチャンスを狙うカメラマンやテレビカメラを構えるテレビ関係者、さらにスピードガン片手に試合を見る白人が球場のバックネット裏に群れをなしているのだ。

大谷がこの試合で投じたストレートの最速は2月10日の時点で157キロ。投球内容は2回を被安打1、失点ゼロに抑え、1回から2回にかけては4者連続三振も記録している。この試合を観戦したメジャー関係者が日刊スポーツの記者にコメントした言葉を次に紹介する。

「(二刀流は)神が授けた能力、野球人生が終わるまでそれを生かしてほしい」(サンフランシスコ・ジャイアンツのジョン・コックススカウト)

「素晴らしくもあり、ユニークな才能。(投手、野手の)どちらをやってくれてもいいよ」(元ドジャースGMで、現ブルージェイズ極東スカウトのダン・エバンス氏)

「ブルペンも見たが、すばらしい才能。とても印象的だった。ダルビッシュに似たタイプの体。ただひとつ言えることは、彼を獲得するにはかなりのお金が必要ということ。イチローにもリポートするよ（笑）」（元マリナーズ監督で現在はフィリーズ編成担当のマクラーレン氏）

レンジャーズのダニエル球団社長兼GMとダイヤモンドバックスのワトソン球団副社長は「今は何も言えない」「この時期に言うべきことはないよ」と言葉少なく、それが逆に彼らの本気度を際立たせる。とにもかくにも大谷に対する注目が、日本なら春到来直前の2月10日の時点で異様に高いのに驚かされる。

プレミア12の韓国戦2試合で見せつけたド迫力のストレート

160キロを超えるストレートを投げてもそれを思い通りにコントロールできなければメジャーで通用しないし、練習で140メートルを超える柵越えを連発しても、緩急で攻めてくる球に対応できなければメジャーで通用しない。大谷がメジャーリーグ関係者から本当に高く評価されるには、彼らが定めるハードルを強豪相手の国際大会でクリアしなければならない。

大谷の国際大会のデビューは2015年11月8日、19日に行われたプレミア12の韓国戦である。韓国は言うまでもなく、過去のオリンピックやWBCで日本が苦戦を重ねているる相手だ。その戦いの歴史を振り返ってみよう。

オリンピック関連

99年／シドニー五輪アジア予選　●日本3－5韓国

00年／シドニー五輪　●日本6－7韓国（予選リーグ）

●日本1－3韓国（3位決定戦）

03年／アテネ五輪アジア予選　○日本2－0韓国

07年／北京五輪アジア予選　○日本4－3韓国

08年／北京五輪　●日本3－5韓国（予選リーグ）

●日本2－6韓国（準決勝）

WBC

06年／第1回大会　●日本2－3韓国（第1ラウンド）

●日本1－2韓国（第2ラウンド）

○日本6－0韓国（準決勝）

09年／第2回大会

○日本14－2韓国（第1ラウンド）
●日本0－1韓国（第1ラウンド1位決定戦）
●日本1－4韓国（第2ラウンド）
○日本6－2韓国（第2ラウンド1位決定戦）
○日本5－3韓国（決勝）

プレミア12までに15戦して6勝9敗という対戦成績である。私はほとんどのマスコミのように韓国を「宿命のライバル」とか「最大のライバル」とは思わない。４００校以上が高野連に加盟している日本に対して韓国は60数校、プロ野球は12球団制で行われている日本に対して韓国は１リーグ制10球団で、その歴史は１９３６（昭和11）年からリーグ戦が行われている日本に対して韓国は１９８２年からと46年も遅い。

それでも韓国が互角以上の戦績を挙げているのは、「反日」を合言葉に国力を伸ばしてきた韓国の事情によるところが大きい。そして韓国と対戦する日本チームからは常に委縮しているような気分が伝わってくる。実力よりも内面の差、というのが私の考えだが、プレミア12の韓国戦2試合に登板した大谷からは、そういう委縮した空気が漂ってこなかった。

その初戦は札幌ドームで行われ、1回は李容圭《イヨンギュ》をフォークボールで二塁ゴロ、鄭根宇《チョングンウ》を152キロのストレートでショートへの小フライ、金賢洙《キムヒョンス》をフォークボールで空振りの三振に取って三者凡退。2回は日本球界での活躍が記憶に新しい李大浩《イデホ》を147キロのフォークボールで空振りの三振、14、15年に韓国で2年連続50本塁打以上を放ち、16年にはMLBのツインズでプレーした朴炳鎬《パクヒョンホ》をフォークボールで二塁ゴロ、孫児葉《ソンアソプ》を四球で出したあと、許敬民《ホギョンミン》を内角高めのストレートで空振りの三振に取っている。

大谷が投げた6回までこんな調子で振り返ってもしょうがない。この日の成績を紹介すると、6回投げて被安打2、与四球2、奪三振10で無失点。1回表、金賢洙の3球目に投じた161キロが最速で、91球中、ストレートが57球（63パーセント）という速さを前面に押し立てたピッチングだった。

韓国が誇る名将、金寅植《キムインシク》監督が試合後、「大谷のフォークにうちの打者がついていけなかった。ストライクになったりボールになったりして、打者を惑わすには十分だった」と話しているように、21球投げたフォークボールのうち見逃しのストライクは4球（ボール球は7球、空振りは5球）。これは大谷の成長を如実に物語っている。

華々しく世界デビューの第一歩を踏み出す

プレミア12の準決勝前日、日刊スポーツは韓国のマスコミが大谷をどう評価しているのか報じている。それによると「韓国メディアは『火の玉を投げ込む怪物』と呼び『大谷恐怖症』という表現を使い再戦を恐れているという」と書かれ、李大浩の「2度はやられない。冷静に対峙して借りを返す」というコメントも載っていた。

まず1回、1番の鄭根宇が初球149キロのストレートを三塁ゴロ、2番の李容圭が5球目のストレートを三塁ゴロ、金賢洙が真ん中159キロのストレートを空振り三振して幕が上がった。

2回は李大浩に死球を与えたあと、朴炳鎬を内角153キロのストレートでライトフライに打ち取り、閔炳憲《ミンビョンホン》を内角低め153キロのストレートで二塁ゴロ併殺に打ち取り残塁なし。

3回は黄載鈞《ファンジェギュン》を外角157キロのストレートで空振りの三振、梁義智《ヤンウィジ》を外角160キロのストレートで空振りの三振、金宰鎬《キムジェホ》を外角低めのストレートで一塁ゴロに打ち取り三者凡退。ここまで25球投げてストレートが20球という前の試合を上回るストレート8割のピッチングを展開、3三振のすべてが空振りという迫力だった。

4回の2三振も空振り、5回は空振り2人、見逃し1人で三者三振、6回は空振り三振が1人、7回は1番の鄭に高め149キロのストレートをセンター前に打たれているが、後続の李容圭、金賢洙を空振りの三振に取って、李大浩はフォークボールで三塁ゴロに打ち取ってマウンドを降り、この日の成績は7回投げて被安打1、与死球1、奪三振11という前の試合を壮絶に上回る内容だった。

評論家の野村克也氏が数少ない欠点として「空振りが少ない」ことを挙げていたが、この日は53球のストレート（62パーセント）のうち空振りは13個あり、見逃しは6個あった。フォークボールやスライダーの精度が上がり緩急を交えた投球がさらに相手の脅威となっていることを表しているようである。

さらに感じたことは、内角攻めの迫力が増したこと。2回に李大浩に与えた死球は「攻める大谷」を象徴する1球だと思う。これを含め、全85球の直曲球のうち、私が内角を突いたと判断したのは19球で、外角は37球。内角攻めの割合は34パーセントでこれは攻める姿勢を十分表していると思う。8回以降に登板した則本、松井裕樹、増井浩俊が韓国打線を抑えられず9回表に4点取られ3対4で逆転負けを喫したが、大谷の凄さばかりが記憶に残り、後味は全然悪くない。ちなみに決勝戦は、マイナーリーグに在籍する選手で構成されたアメリカを8対0で下して韓国が初代王者に就いている。

優勝までの試合を振り返り韓国の金監督は「開幕戦の札幌、準決勝で大谷を打てず、そこが一番、大変だった」と語っている。大谷が華々しく世界デビューの第一歩を踏み出した大会と言っていいだろう。

イチローとダルビッシュのウエートトレーニングをめぐる論争

翌2016年は中盤からソフトバンクを追い上げ、終盤まで息の詰まるような優勝争いを演じ、その中心に大谷がいたことはこれまでもたっぷり書いてきたし、シーズン終了後、MVPに選出されていることでも証明されている。この16年の充実ぶりはプレーや成績だけでなく、体格にも現れているという話をしたい。

『12球団全選手カラー百科名鑑』（廣済堂出版）を見ると、193センチの上背は変わらないが、体重が15年の90キロから、92キロ、97キロと増えている。名鑑の体重は球団からデータを提供されているので必ずしも正確とは言えない。たとえば、00年の同名鑑には中村紀洋（近鉄）の体格が180センチ、78キロと紹介されている。これを見たとき、おいおいちゃんとしようよ、と名鑑にツッコミを入れたほどだ。当時の中村紀の体重はどう見ても90キロ以上あるように見えた。ちなみに、中村紀の体重はそれまでも数年間「78キロ」で推移している。

それに対して、大谷の過去3年間の体重の推移は正確だと思う。そもそも、細かな体重の変化が嘘の情報として提供されるわけがないのだから。この体重の変化にはウエートトレーニングが関わっている。前述のプレミア12の直前合宿では外に食事に出かけず、ホテル内で済ませたというが、その理由を大谷は「ウエートしないと落ち着かないので」と言っている。野球に取り組む姿勢のよさがここでも際立っている。

このウエートトレーニングは現在、ほとんどのプロ野球選手が〝良きもの〟として取り組んでいて、その代表的人物がダルビッシュである。ダルビッシュの自主トレに大谷は藤浪や則本たちと参加しているが、これを紹介したスポーツ報知の記事によると、参加者は他にも松井裕、佐藤由規（ヤクルト）、涌井秀章（ロッテ）、田中将大の投手陣、中田、杉谷拳士（日本ハム）、坂本勇人（巨人）、オコエ瑠偉（楽天）の野手陣がいた。

右肘じん帯の手術後14カ月以上に及んだリハビリ期間中のトレーニングと栄養の知識も伝え、記事には「そこに『企業秘密』といった概念はない。『発展を目指していくんだったら、選手個々が後輩に伝えていけるようなことをやっていかないとダメ。そこはやっぱり（みんなに）追い求めていって欲しい』と書かれている。

このダルビッシュとイチローの間で交わされたウエートトレーニングをめぐる「論争」が面白かった。テレビ朝日の「報道ステーション」で聞き手の稲葉氏が「今、トレーニングで体を大きくするのが流行っている」と言うと、イチローは間髪を入れず「いやいや、全然だめでしょ。それを崩しちゃダメですよ。だって虎とかライオンはウエートしないですから。人間は知恵があるからいろいろなことやっちゃうんですよ。本来のバランスを保っていないと。だって筋肉は大きくなるけど、それを支えている関節とか腱は鍛えられない。だから壊れちゃうんです」と言うのだ。

イチロー自身、ウエートトレーニングをやっていた時期があったらしく、「体が大きくなって嬉しくなるじゃないですか。でもスウィングスピード遅くなるんですよ。体が回らなくなるから。それでシーズン中に筋肉が落ちてきてなぜか調子がよくなる。6～7年は毎年同じことを繰り返してました」と続けた。

この意見にはダルビッシュも黙っていられない。

「イチローさんに喧嘩売るわけじゃないですけど、虎とかライオンはもともと身体能力高いんです。で、今って何が起きているかというと、シマウマたちがトレーニングし始めて、だからライオンたちもトレーニングしないといけなくなった。ただイチローさんはめちゃくちゃ頭がいい特殊なライオンだと思ってます。日本の野球界はいつまでもトレーニングしないシマウマたちなので世界で勝てない」と続けた。

2人の論争がエンターテイメントになっているのがまず素晴らしいいし、ウエートトレーニングに取り組む前の覚悟が問われていることもわかる。

私は高校生や大学生などのアマチュア選手を見るとき、身長と体重を真面目に考えるようになった。180センチ、78キロのように、引いた数が100以上になる選手はウエート不足として少しだけ評価を下げる。180センチの身長なら体重は最低でも81キロはほしい。180から99を引いた数が81である。これは食事トレーニングを含むウエートトレーニングに真面目に取り組んでいるかどうかの一応の物差しになる。

大谷は名鑑によると193センチ、97キロなので、引いた数は96、十分評価できる数値である。最近の野球界はいろいろ考える要素が増えてかなり疲れることは間違いない。

オランダ戦で見せた特大ホームランと一塁到達3・8秒台の俊足、そして清宮幸太郎にも及ぶ影響力

2016年11月9日の午前中に行われた社会人関東選抜対オランダ代表戦のあと、15時から侍ジャパンの練習が約2時間半、東京ドームで行われた。シートノック、投内連係のあとのフリーバッティングで最多の柵越えを放ったのは中田翔（日本ハム）の12本。以下、鈴木誠也（広島）8本、坂本勇人（巨人）6本、大谷翔平（日本ハム）、秋山翔吾（西武）各5本、松田宣浩（ソフトバンク）4本と続いた。

中田は適度に力が抜け気持ちよさそうにバットを振り、鈴木は捕られると思った打球が予想外に伸び、さすがに日本一を争ったチームの中心打者だと納得した。プロ一軍での通算ホームラン0本の中島卓也（日本ハム）のライト最前列への柵越えにも驚かされた。その一発が飛び出したのは17時6分。打とうと思えば打てるんだと納得したが、17年6月29日現在でも中島は1本もホームランを打っていない。

中島より衝撃的だったのが大谷のバッティングだ。ドラフト会議の当日、吉村浩・日本ハムGMから「大谷のフリーバッティングは飛距離が凄いですよ。是非見てください」と言われたのでスポーツライターの西尾典文さんを誘って見たのだが、逆方向への打球が伸びる、伸びる。内角低めも苦にせず、柔らかいバット操作でライトスタンドにも数発運んだ。

さらに衝撃的だったのが〝音〟である。バッティングゲージに入る前のティーバッティングではスイングの強さや速さが中田、筒香嘉智（DeNA）を凌ぎ、空気を切り裂く音と、打球がネットに突き刺さる音が大げさでなく怖くなるくらいだった。バッティングに専念していたらどんな成績を残していただろう。人ができないことをやる、という部分ではイチロー（マーリンズ）に匹敵する選手だとやはり思った。

もう少し大谷の話をさせてもらうと、このバッティング練習の3日後に見た侍ジャパンの強化試合、日本対オランダ戦の5回裏、大谷はメジャー通算53勝のジャージェンスから右中間上段に特大のホームランを放り込んでいる。そしてタイブレークが採用された8対8の10回裏には無死一、二塁からボテボテの三塁ゴロを打ち、このときの一塁到達が私のストップウォッチでは超高速の3・87秒を計測した。キャッチャー寄りで捉えて利き手で強烈に押し込む大谷ならではの特大ホームランとイチローに匹敵する韋駄天。こんな選手が日本にも出てきたんだという喜びがふつふつと湧いてきた。

こういうプロ野球界の変化は確実にアマチュア球界に伝わっていく。大谷のホームランと快足を見た3日後、明治神宮大会高校の部・決勝で見たホームランの競演も強く印象に残った。前評判の高い早稲田実対履正社高という横綱同士の一戦で、1回裏に清宮幸太郎（早稲田実・一塁手）がまず右中間にソロホームランを放つ。

清宮の打つ姿を写真に収めようと私はファインダー越しに見ていたのだが、キャッチャーが大きく外角に構えるのを見て、これは打たないと思いシャッターボタンから指を離してしまった。ピッチャーの投げた球は少し甘く中に入り、清宮はこれを見逃さず右中間に運んだ。そして第2打席、やはり私はカメラのファインダーをのぞき、キャッチャーが外角に構えるのを見てシャッターボタンから指を離した。ボールは外角のストライクゾーンに伸びて行くストレートで、清宮はこれを長いリーチで捉えライト前に運ぶのである。大谷と清宮、安田を見た時間がほぼ重なっているので、どうしても大谷が与えた影響の強さ、というふうに考えてしまう。

なお、オランダ戦で特大のホームランを打たれたジャージェンスは「大谷のことはみんな知ってる。明らかにいいバッター。疲れもあったけど、失投でなくても打たれたかもしれない」、13年の楽天初優勝に貢献したアンドリュー・ジョーンズ・ベンチコーチは「抜群のアスリート。あのパワーがあれば（MLBでも）リーグ関係なく通用する。個人的には投手のほうがいいと思っているので、ぜひピッチングも見たい」とコメントしている。

その前のメキシコ戦ではドジャースで通算300本以上のホームランを打っている主砲のエドガー・ゴンザレスからドジャーブルーのバッグなどチームのグッズをプレゼントされ、「どうやったら打てるのか、打撃を教えてほしい。カーショーには投げ方を教えてほしいね」とリップサービスも受けている。いよいよ大谷の周囲は騒がしくなり始めている。

東京ドームの天井に消えた幻の160メートル弾

翌11月13日のオランダとの強化試合で大谷は〝伝説〟になった。2対8の劣勢で迎えた7回表、先頭打者の代打で登場した大谷は2ボールからの3球目を捉えると、打球は猛烈なスピードで高く、高く急上昇し、じきにテレビカメラやスタンドで声援を送るファンの視界から消えた。

コースは捉えるのが難しい内角高めで、見送ればボール球だろう。地上から55メートルの高さに設置された天井裏に消えた打球がどのようにジャッジされるのか東京ドームのグラウンドルールがわからない大谷は、外国人がやるような、両手を広げて首をかしげるはてなポーズを取って笑みを浮かべ、日刊スポーツは東京ドームに長く務める関係者の「見たことがない。160メートルはゆうに超えている」というコメントを紹介した。

実は前例がある。02年7月18日の横浜（現DeNA）戦で、翌03年にヤンキースに移籍する松井秀喜（巨人）が同じように東京ドームの天井に消える大飛球を放ち、二塁打の判定を受けているのだ。大谷の160メートル弾も同様に二塁打とジャッジされた。

前日「個人的には投手のほうがいいと思っている」と言ったジョーンズコーチはこのバッティングを見て、「楽天時代に見た時より成長している。ナ・リーグに行けばメジャーでも二刀流は可能だと思う。夢を追いかけ続けてほしいね」と少し修正を加えた。

オランダのミューレン監督は「ローボールヒッターだと思っていたが、高めの球をあんなに高く上げることができるとは。（所属するジャイアンツに）今回のレポートを書くが、日本で1人挙げるなら大谷だ」と驚きを隠さない。

日刊スポーツは観客の発言も紹介していて、ある人は「音がすごかった。何かが破裂したような音だった」「頭を越えていくような勢いで、天井に刺さった」とコメントしているが、私が練習で耳にしたのと同じ〝音〟を当日の観客も経験しているのだと思って、何か嬉しかった。

長嶋茂雄氏は「すごいよね～。（スタンド）上段だったの？　セ・リーグ、パ・リーグを通じてあんな選手いないよね。男の子も女の子もみんな大谷だよね」と手放しで誉めれば、栗山英樹・日本ハム監督は「オレは打撃の方がすごいってずっと言ってきたでしょ。メジャーでも打撃の方がやれると思っている」と予想外の誉めようで、少し驚いた。いずれにしろ、誰もかれも、日本中が大谷一色に塗り固められた一撃だった。

プロ野球人生初めての逆風はWBC辞退

16年10月26日に行われた日本シリーズ第4戦は8回表まで1対1という緊迫した展開で進んだ。8回裏、日本ハムは先頭の大谷がショートゴロに倒れたあと中田が四球で歩き、2死後にレアードが放ったセンター越えの勝ち越し2ランが効いて、対戦成績を2勝2敗のタイに持ち込んだ。

実はこのショートゴロのとき、大谷は全力で一塁に駆け込んで右足をひねっている。

それまで投手として登板したのは第1戦の先発だけ。本来なら中6日のローテーションで29日の第6戦に先発するはずだったが、それを回避して計5試合に野手として出場して、チームトップの打率・375を記録している（第2戦は代打で1打席だけ出場）。野手としてチームに貢献する姿はさすがだが、第1戦以降投手として登板できなかったのだから足の状態は相当悪かったのだろう。

17年のWBCを見据えて11月10、11日にはメキシコとの強化試合が行われ、第2戦で3番・指名打者でスタメン出場した大谷は4打数2安打の活躍を見せる。そして、第3打席の一塁内野安打でベースを駆け抜ける際に再び右足首をひねって痛みを再発させた。三角骨の骨棘《こっきょく》という小さな骨片が関節の骨と骨の間に入り込むことによる痛みだが、それでも投手ではなく野手として試合に出続けているのだからゲームへの参加意識の高さは尋常でない。

私は強化試合のメキシコ戦2試合、オランダ戦1試合を見ているが、前にも書いているように足の故障を再発させたメキシコ戦の内野安打のときの一塁到達タイムは全力疾走と認められる4・10秒だった。そして中田の3球目に二塁盗塁に成功し、筒香の一塁ゴロで勝ち越しのホームを踏んでいる。このときの観戦ノートに「1人で1点取る」と書いたが、やはりこのとき右足首の状態は相当悪かったはずだ。

翌12日のオランダ戦では第5打席で三塁ゴロを打ち、このときの一塁到達タイムがプロ最高レベルの3・87秒で、第2打席では右中間に特大のホームランも打っている。足が痛いのにこんな超絶タイムで走れるのだろうか、故障のことを知ってからますますその走る能力の高さに魅了されたが、そういうプレーが大谷の足を酷使し、WBC出場辞退の原因になったのだとしたら、栗山監督の「全力疾走はするな」という叱責は納得するしかない。

2017年4月8日のオリックス戦では左太もも裏の肉離れを発症、翌9日に出場選手登録が抹消され、約2カ月間のハビリを余儀なくされる。1年目から順風満帆にプロ野球人生を送ってきた大谷にとって初めての逆風と言っていいだろう。WBC出場辞退を表明した2月4日には「今は目標を失っている。なかなか切り替えるのは難しい」とスポーツ紙の取材に答えながら、足首の故障を招いた一塁への全力疾走には後悔がないという。

「試合になれば、セーフになりたい一心でベースランニングをしていますから」は、いかにも大谷らしい受け答えで好感が持てる。大谷が出場選手登録された6月23日の楽天戦で2本のホームランを放った中田は、「翔平がいると何か違うと感じますね」とそのベンチ入り効果を口にした。

28日のソフトバンク戦では復帰第2戦にして代打でタイムリーヒットをレフト前に落としている。友人は「ポテンヒット」と言ったが、内角のスライダーをぎりぎりまで呼び込んでキャッチャー寄りで捉え、強引に押し込んでレフト方向に持っていった打球はある面で非常に大谷らしい。

メジャーのマウンドの固さは札幌ドームと変わらない

大谷はメジャーリーグで活躍できるのだろうか、というのが今後大きくクローズアップされてくる。投手としては大きくて滑りやすいメジャーの公式球や、固くて傾斜の強いマウンドに対応できるのかどうかということ。

メジャーの公式球は日本のものより大きくて縫い目が高いので表面が滑りやすいという。メッツなどで5年間プレーし32勝47敗の成績を残している吉井理人・日本ハムコーチは、「キャンプ後半に急に腕が張りだして、投げることができない。自分では意識していなかったんですけど、日本にいた時よりもボールを強く握っていたため、これまで使ったことのない筋肉を痛めてしまったんです」と語っている。

（Web Sportiva Love Sports、2013年5月2日）

公式試合で大谷はメジャーの公式球を使ったことがない。プレミア12はNPB統一球のミズノ社製だったし、メキシコ、オランダとの強化試合での試合球はWBC使用球（MLB公式球とほぼ同じ）だったが、ここで大谷は投げていない。ボールへの対応はそのときまでのお楽しみといったところだろう

マウンドの固さは日米で相当違う。日本人ピッチャーがステップする位置をスパイクでガシガシ掘る姿は見慣れた風景だが、メジャーのマウンドはイニングが進んでも掘れない。来日する外国人投手を思い出してほしい。日本人投手とは正反対にステップの幅を狭くし、上半身の強さを使って投げる投手が多い。メンドーサ（日本ハム）、ウルフ（西武）、ハーマン（楽天）、ジョンソン、ジャクソン（ともに広島）、マイコラス（巨人）、メッセンジャー、マテオ、メンデス（ともに阪神）、ルーキ、ブキャナン（ともにヤクルト）、バルデス（中日）……等々、たいていはこの型である。

大谷はというと下半身が先に動いて、上半身があとから追いかけるという型で、似ている選手を挙げろと言われれば迷わず「ダルビッシュ」と答える。下から上という体重移動を重視した投球フォームは固いマウンドのMLBで苦労しそうだが、適応しているダルビッシュは大谷と同じ日本ハム出身である。

実は日本ハムのホームグラウンド、札幌ドームは固いマウンドとして知られている。吉村浩GMがかつてデトロイト・タイガースのオフィシャルなスタッフだったこともあり、この球団はメジャー流に対する拒否反応がなく、基本スタイルがメジャー流。ダルビッシュ以外でも岡島秀樹、建山義紀、田中賢介が海を渡り、逆に受け入れたのは新庄剛志、多田野数人、村田透と人的交流も盛んだ。

ネット中の記事によると、かつてロッテで投げていたカルロス・ロサは日本人投手が掘り返す穴を踏まないで投げることばかり考えていたと言うが、札幌ドームとナゴヤドームは投げやすかったと回想している。

2016年2月にアリゾナキャンプを初体験した大谷はブルペンのマウンドの固さを、「ボールは滑りやすかったけど、マウンド（の硬さ）は札幌ドームと変わらない」と語っている。マウンドについては問題なさそうだ。

ダルビッシュが不安視する「中4日ローテーション」不安材料はそれくらいしかない

メジャーリーグで定着している先発投手のローテーション、中4日での登板は日本人投手に負担を強いてきた。ダルビッシュは15年3月にトミー・ジョン手術を受けて復活するまでに1年5カ月要し、田中将大は手術こそ受けていないが14、15年に右ヒジの不調で1カ月以上投げない時期があった。

ヒジの靭帯再建術は通称トミー・ジョン手術と言われ、過去ダルビッシュ以外でも松坂大輔（ソフトバンク）、大塚晶則が受けている。日本人投手だけではない。14年7月16日配信の日刊スポーツドットコムは、その年に靱帯修復術を受けた主な投手を次のように紹介している。

「エース格では、ともに過去2年で25勝を挙げたブレーブスのクリス・メドレン（28）、アスレチックスのジャーロド・パーカー（25）が2度目の手術に踏み切った。ア軍では昨季14勝のA・J・グリフィン（26）も手術。ダイヤモンドバックスでは同14勝のパトリック・コービン（24）の他、6月までに今季7勝をマークしたブロンソン・アローヨ（37）が今日15日にトミー・ジョン手術を受けることになっている。この他にも、レイズの昨季17勝左腕マット・ムーア（25）、ヤンキース田中とともに開幕ローテーション入りしていたイバン・ノバ（27）、レンジャーズでダルビッシュの同僚のマーティン・ペレス（23）らがいる」

中4日でローテーションを回すためにメジャーリーグでは先発を5人用意すればすむが、先発要員を増やしてもピッチャーの負担を軽減するために中5日のローテーションを確保するべき、というのがダルビッシュの主張である。

「投手の年俸が下がりますが、選手をプロテクトするのであれば、もう1つ先発用の枠を作って、中5~6日でやった方がいいと思います」

このダルビッシュの主張は今のところ実現しそうにない。大谷に話を移すと、最多勝利、防御率1位、最優秀勝率の投手三冠を獲得した2015年のローテーションは最も短くて中6日、基本は中7日だった。二刀流ゆえに間隔の長いローテーションが用意されたわけだが、これに慣れた大谷がいきなり中4日でやれるのか、というのが最も心配な点である。

メジャーで「二刀流継続」なら
ア・リーグで。
バッティングの技術的適応は問題ない

打者大谷については、まずそのスタイルを受け入れてくれる球団なのか、というのが大きな問題になる。ジャイアンツ、ドジャースなどナショナル・リーグの球団なら先発で投げる試合で打順に入れるが、ヤンキース、レッドソックス、エンゼルスなど指名打者制のアメリカン・リーグの球団なら、高年俸の強打者としのぎを削って指名打者の座を奪いに行かなければならない。

以前は高橋直樹氏が指摘したように、「大金を出して獲得する選手にそんなリスキーなことができるのか」という問題があった。「守」以外の「走攻」をまっとうするだけでも疲れるし、故障の危険性も増す。最近経験した走塁が原因の足首や太ももの故障や、強打者として打席に入ればデッドボールの心配もしなければならない。いろいろ問題らしき点を並べたが、そういうことに負けないためにウエートトレーニングで備えている、というのが大谷の言い分だろう。

技術的にはほとんど問題はない。大谷のバッティングは動きが小さい。バットを引く動き、上下動させるヒッチという動きがなく、キャッチャー寄りのミートポイントでボールを捉えて基本は逆方向に、内角にくればライトに引っ張ることもできる。

ヤンキース1年目の松井秀喜がそうだったように、手許で小さく動く変化球を捉え切れなければゴロを量産する心配があるが、松井がアメリカに渡った03年から14年が経った今、日本でもツーシーム、カットボールなど打者の近くで小さく動く変化球は珍しくない。そして、大谷はそういう球種をさばくことがヘタではない。何といってもぎりぎりまでボールを呼び込んで、左右広角に打ち分けるスタイルの持ち主なのである。

個人的には「投げる日だけ打つ」ナ・リーグより、ア・リーグの球団に入って、投げない日は指名打者としてスタメンに入るスタイルを取ってほしい。最初は軽薄に感じた〝二刀流〟が今や私にとっては見る喜びにすり替わっている。

ポスティングで年俸の最高金額が制限されても大谷にはメジャーに挑戦してほしい

取得した海外FA権を行使してメジャー球団に移籍した日本人は、川上憲伸、佐々木主浩、松井秀喜、松井稼頭央、高橋尚成、岩隈久志、黒田博樹、福留孝介、上原浩治、五十嵐亮太たちである。選手みずから勝ち取った権利を行使しての移籍だから大きな問題もない代わりに権利取得に要する期間が9年と長いので、高校卒が寄り道なしで取得してもメジャー1年目は28歳、大学卒なら32歳になる。

ＦＡ権取得以前にメジャー球団に入るにはポスティングシステムを利用しなければならない。松坂大輔をポスティングシステムで獲得するためレッドソックスが西武に支払った譲渡金は約５１１１万ドル（約60億円）と言われ、それより5年後の11年にはダルビッシュ獲得のためレンジャーズから日本ハムに約５１７０万ドルが支払われた。

ただ、10年には楽天の岩隈久志を最高金額で落札したアスレチックスが獲得する意思を見せずに契約が不成立となった例がある。松坂、ダルビッシュをめぐる落札金額の高騰や、岩隈をめぐる獲得意思なき入札が問題視され、田中将大（当時楽天）がヤンキースと契約した13年から現状のように球団への譲渡金が上限２０００万ドル（約24億円）に設定され、獲得する意思表示をした全球団がその選手と入団交渉できるようになっている。

ポスティングシステムとともに、新人選手に対する年俸にも昨年から制限が加えられるようになった。

「大リーグと同選手会の新労使協定で適用されることが決まった『25歳ルール』が、日本ハム大谷翔平投手（22）にも適用されることが7日、分かった。ドラフト対象外となる25歳未満の海外選手獲得に対して、各球団の契約総額が1球団年間約500万ドル（約5億5000万円）までと定められているもので、『日米間選手契約に関する協定』が結ばれている日本野球機構（NPB）所属の選手は適用外とみられていた。（中略）

新協定では米国、カナダ、プエルトリコ以外のドラフト対象外となる25歳未満の国際選手の獲得には、1球団あたりの契約総額が年間約500万ドルに定められた。今回の改正で、年齢制限は23歳未満から25歳未満に引き上げられた。当初は日本選手は適用外と解釈されていたが、例外事項には当たらず、来年オフに23歳となる大谷も対象に入った。

日本球団が設定するポスティングシステムの譲渡金の上限2000万ドル（約22億円）は現状のままで、移籍の際に日本ハムに支払われる金額は変わらない。ただ年俸3000万ドル（約33億円）を超える複数年の大型契約の可能性も伝えられていた大谷が1年目に受け取る金額は、規定内のものになる。」

（『日刊スポーツ』、2016年12月8日）

ポスティングシステムや年俸が現状のままに推移するとして、大谷や日本ハムがこれとどう向き合うかが注目されるが、譲渡金の吊り上げを狙った移籍延期ブラフや、年俸制限がなくなる25歳まで大谷のメジャー挑戦を延期させるという戦略はないと思う。

6月29日、日本ハムは「新球場建設構想に関して」という新球場構想をイメージ図まで付けて発表した。「選手のパフォーマンスが最大限活かされるスタジアムを核に、国際競争力を有するライブ・エンターテイメントタウンとして『〝アジアNo.1〟のボールパーク』を目指します」という謳い文句も紹介され、４枚のイメージ図を見るとかなりお金がかかりそうだ。

球団事情から見れば大谷のポスティングシステムによって得られる大金は無視できないが、吉村ＧＭや大谷が大金ほしさにこれまで発信してきた「球界の正義」という基本スタンスを変えるとは思えない。年俸が高い主力選手をＦＡやトレードで移籍に向かわせるやり方はあくまでも戦略。大谷のメジャー挑戦は大谷だけでなく吉村氏にとっても野球人としての夢である。

大谷、中田がいなくなったあとの日本ハムの主力メンバー

大谷だけでなく4番を務めてきた中田翔のＦＡ移籍も現実的だ。阪神は07年の高校生ドラフトで中田を1巡で入札して、抽選で外している。阪神にとって地元と言ってもいい大阪桐蔭高出身のスラッガーは喉から手が出るほどほしい。日本ハムは反対にチームの看板とも言える大谷、中田のＯＮ砲がいっぺんにチームからいなくなる恐れがあるので緊急事態である。２人のいないチームがどうなるのか考えてみたい。

中田のポジションは一塁である。このポジションは外国人が候補になるが、目先の補

強で凌ごうと思わない球団なので、今年のドラフトで清宮幸太郎（早稲田実・一塁手）を1位で入札すると予想する。清宮を獲得できれば2、3年目からレギュラーとして起用するはずなので、それを踏まえて2年後の2019年の主力メンバーを考えてみた（別表参照）。

野手は2年後でも若い。20歳代の高校卒を率先して獲得、戦力にしている強みがこういうところに出てくる。中田の後継候補は清宮だが、もし獲得できなければ今年の高校卒新人で一塁を守ることの多い今井順之助に注目したい。

現在、ファームで209打席を経験しているが、「新人の200打席超え」は吉村GMが見出した将来性を予見させるサインとして一部で知られている。チーム4位の46安打を放ち、打率・249も高校卒の新人としては及第点だ（成績は7月1日現在）。

これまでのドラフトに注目すると、過去5年で指名した野手は次の通り。

12年　1位　大谷翔平、2位　森本龍弥、4位　宇佐美塁大
13年　1位　渡邉　諒、3位　岡　大海、7位　岸里亮佑、8位　石川　亮
14年　2位　清水優心、3位　淺間大基、7位　高濱祐仁、8位　太田賢吾、

日本ハム球団　2019年の予想主力メンバー

野手陣		
捕　手	清水　優心（23歳）	石川　亮（24歳）
一塁手	清宮幸太郎（20歳）	今井順之助（21歳）
二塁手	中島　卓也（28歳）	杉谷　拳士（28歳）
三塁手	レアード（32歳）	高濱　祐仁（23歳）
遊撃手	石井　一成（25歳）	平沼　翔太（22歳）
左翼手	大田　泰示（29歳）	松本　剛（26歳）
中堅手	西川　遥輝（27歳）	岡　大海（28歳）
右翼手	淺間　大基（23歳）	谷口　雄也（27歳）
D　H	近藤　健介（26歳）	

投手陣	
―20歳代―	―30歳代―
堀　瑞輝（21歳）	浦野　博司（30歳）
石川　直也（23歳）	宮西　尚生（34歳）
上沢　直之（25歳）	谷元　圭介（34歳）
井口　和朋（25歳）	村田　透（34歳）
有原　航平（27歳）	増井　浩俊（35歳）
加藤　貴之（27歳）	
公文　克彦（27歳）	
玉井　大翔（27歳）	
高梨　裕稔（28歳）	
中村　勝（28歳）	
白村　明弘（28歳）	
鍵谷　陽平（29歳）	

※カッコ内の年齢は 2019 年の満年齢

9位 佐藤正尭

15年 4位 平沼翔太、6位 横尾俊建、8位 姫野優也

16年 2位 石井一成、4位 森山恵佑、7位 郡 拓也、9位 今井順之助

19人のうち大谷、岡、清水、浅間、石井が一軍の戦力になっているのは評価できる。ただ、中田、大谷の移籍は大谷が入団した5年前から予想できたことで、それにしては上位指名でスラッガータイプの指名が少なかった。今後のドラフトのテーマは「強打者の指名」と言っていい。

投手も過去5年間で指名した選手を振り返ってみる。

12年 1位 大谷翔平、3位 鍵谷《かぎや》陽平、5位 新垣勇人、6位 屋宜《やぎ》照悟、

7位 河野秀数

13年 2位 浦野博司、4位 高梨裕亮、5位 金平将至、6位 白村《はくむら》明広

14年 1位 有原航平、4位 石川直也、5位 瀬川隼郎、6位 立田将太

15年 1位 上原健太、2位 加藤貴之、3位 井口和朋、5位 田中豊樹、

16年　7位　吉田侑樹
1位　堀　瑞輝、3位　高良《たから》一輝、5位　高山優希、6位　山口裕次郎、
8位　玉井大翔

23人中、高校生の指名はわずか6人で、そのうち16年6位の山口は入団を拒否しているので実際は5人。外れ1位の高校生投手は成功しない、という鉄則がどうもありそうである。ちなみに、わずか3年で幕を閉じた分離ドラフトのうち高校生ドラフトに注目すると、外れ1位で投手を指名した例は次の通り。

05年　ゼロ
06年　田中将大➡北　篤、田中将大➡延江大輔、増渕竜義➡木村文和、
田中将大➡吉川光夫
07年　佐藤由規➡寺田龍平、佐藤由規➡高濱卓也➡田中健二朗、
佐藤由規➡岩嵜　翔➡赤坂和幸、中田翔➡岩嵜　翔

外れ1位で戦力になっている投手は吉川、田中健、岩嵜の3人だけ。T-岡田、坂本勇人、福田秀平、安部友裕、藤村大介の野手勢とくらべると質量とも劣る。そう考えると日本ハムの指名は間違いないのだが、要はクジ運がなかった。

13年は松井裕樹（楽天）、柿田裕太（DeNA）、岩貞祐太（阪神）と3連敗、15年は高橋純平（ソフトバンク）、小笠原慎之介（中日）と2連敗、16年は田中正義（ソフトバンク）、佐々木千隼（ロッテ）と2連敗。14年に有原を4球団競合の末に獲得したのが過去5年のうち唯一の抽選勝ちである。2位から主力に昇りつめた則本昂大（楽天）、鈴木誠也（広島）、小川泰弘（ヤクルト）の例もあるので、外れ1位の人選を間違えないように、としか言いようがないのがつらいところだ。

復活登板の二軍戦でストレートが最速157キロを計測した

大谷、中田がいなくなったあとの日本ハムは野手にくらべて投手が心配、という予想外の見立てになったが、ドラフトを活用してのし上がった球団だけにそれほど心配していない。2人とも心置きなく他球団でプレーしてほしい。

さて大谷に話は戻る。17年の野手としての復活劇は前に書いたが、投手としてはまったく投げていなかった。ようやく登板したのが7月1日のイースタン・リーグ、西武戦である。大谷の特徴は投げ終わったあとの左足の引きである。この動きがこの西武戦ではまったく見られなかった。離脱原因の左太ももの肉離れが完全に治っていないことがこれだけでよくわかる。

このステップする足を引く動きについては、巨人の菅野をテーマにした日刊スポーツの記事が詳しく書いている。それによると、菅野は大谷と則本が踏み出した左足が地面に着いたあと、前に力を出していくタイミングで足を後ろに引いているのに注目したという。そして、「レッドソックス上原（現カブス）、レンジャーズのダルビッシュにも共通していた。大学時代にあった『捕手に向かって体重を前に伝える』という大切さを思い出した」と書かれている。（2016年1月15日付け日刊スポーツ）

私が見たテレビ番組では、大谷は「(ステップした足で) ブレーキをかけてボールを加速させるため」と言い、菅野は「ピッチャー動作の中に止まっている時間を作るため、ステップ位置に上り傾斜のついた板を置いて投球練習をしている」と言っていた。

このステップした足を引く動きは大谷、菅野、則本だけでなく、ソフトバンク2年目の若手、高橋純平もやっている。大谷の先駆的な取り組みが、既にいろいろなところに好影響を及ぼしているのがわかる。

ストレートの最速は最初の打者に投げた初球の157キロで、そのあとも150キロ台はコンスタントに計測したが、全身で押し込むような力強さがなく、3番の山川穂高には2球目のストレートをセンターバックスクリーンに持っていかれた。そのあと坂田遼に四球、熊代聖人に死球を与え、コントロールに課題を残したが、とくにスライダーが抜けることが多く、一軍復帰はまだ先だろうと思った。

それにしても、完調にほど遠い出来でありながら150キロ台のストレートを連発する投手としての埋蔵量の多さには驚くほかない。西武の先発は中塚駿太という新人で、白鷗大時代は当時の大学野球で最速の157キロを計測しているパワーピッチャーだ。この日も前半に151キロを計測し、ストレートの多くは140キロ台後半を記録した。それでも押し込む迫力が大谷とはまったく違う。完調にほど遠くてもこれほど彼我の差を見せつける大谷は破格の存在だと改めて思い知らされた。

メジャー挑戦による新たな楽しみは、内面に「曲折」を抱えること

大谷はよほどの故障でもない限り、メジャーリーグでも大きな足跡を残していくだろう。私たちがきちんと認識しなければならないのは、大谷が2018年でも24歳の若者だということだ。投手としても打者としても、今の段階では埋蔵している素質の半分くらいしか出ていないというのが私の考えだ。投手専任か二刀流か、その流儀は入団する球団によって変わっていきそうだが、大谷が投打兼任の面白さに気づいてしまった以上、それを取り上げることが得策でないことは誰にでもわかる。

大谷個人に対する要望もある。大谷は頭脳明晰で話が流暢で理路整然としている。それはこれまで長所として誉め称えてきたが、ロジックが立ちすぎて直截すぎる、というのがステージに上がった現在は新たな課題として浮き上がってくる。深さがないとは言わない。深くても透明度が高すぎて底が見えてしまうというのが不満なのだ。もっと言えば「曲折」がほしい。

インタビューされる中でたびたび読書のことに触れられる。『別冊カドカワ 大谷翔平』では読書をするのか聞かれ、「しますし、映画も観ますし。ですけど時間が空いたときとか、その程度ですね」と答えている。練習が第一で、移動のときは寝ているというのが基本パターンらしい。読むのはトレーニングや栄養学に関するものがほとんどで、聞き手は「ホントにすべてが野球のためなんですね」と溜息を洩らさんばかりだ。

2年前の15年7月27日付けの毎日新聞夕刊に、メジャーリーグの野球殿堂入りの記事が出ていた。表彰されたのは通算303勝のランディ・ジョンソン、219勝のペドロ・マルティネス、213勝154セーブのジョン・スモルツ、3060安打のクレイグ・ビジオの4人。その記事の横、式典の写真を撮るためカメラのファインダーをのぞくランディ・ジョンソンの写真があった。208センチの長身でマウンドに立つジョンソンは「ビッグユニット（巨大な物体）」の異名通り畏怖の対象でしかなかった。それがダーク系の背広に袖を通しカメラを構えるジョンソン氏はフリーのカメラマンにしか見えない。どこか知的で真摯でありながら、曲折する内面を抱えている様子がうかがえる。現役時代は野球一筋、引退してからカメラを勉強した、という感じではないのだ。

記事によると09年の現役引退後、ダイヤモンドバックス球団社長の特別補佐を務めながら、米軍の慰問団体の一員としてアフガニスタンなども訪れているという。このジョンソン氏の生き方には共感できる。何か野球の仕事に就くたびに「野球界に恩返しします」という言葉が聞かれるが、このジョンソン氏の「ダイヤモンドバックス球団社長の特別補佐」という肩書こそ野球界への恩返しで、カメラマンとして世界を行き来する生き方のほうがジョンソン氏の本筋なのだと思う。

大谷にはメジャーリーガーとして生きながら、こういう生き方も模索してほしい。読書はトレーニングと栄養学の本だけ、というのは直截すぎる。虚構が複雑に入り組んでいる小説世界に浸ってほしいし、カメラのファインダーをのぞいてもいい。そういう曲折こそ大谷の内面に深みを与え、ステップアップを遂げたこれからの大谷のプレーに役立っていくのだと思う。これは大谷だけでなく、ダルビッシュにも感じることである。

あとがき

このあとがきを書いている2017年7月4日現在、大谷は投手として一軍のマウンドに上がっていない。打者としては3カ月近くもチームから離脱し、6月27、28日のソフトバンク戦と7月3日の西武戦に復活出場し、3試合で3打数2安打と相変わらず勝負強さを発揮している。

甲子園に2回出場した花巻東高時代も、足の故障のため満足な状態でマウンドに上がっていない。ようやく故障が癒えた3年夏、岩手大会の準々決勝でストレートが160キロを計測し、大げさでなく日本中を騒然とさせたが、決勝の盛岡大付戦で敗退し、とうとう完璧なピッチングを野球ファンに見せられなかった。

プロ入り後もピッチングとバッティングが百パーセントの状態で仕上がったことはない。

13年……投手＝3勝0敗、打者＝打率・238
14年……投手＝11勝4敗、打者＝打率・274
15年……投手＝15勝5敗、打者＝打率・202
16年……投手＝10勝4敗、打者＝打率・322

この中で最も投打のバランスがよかったのが昨年だが、投手としては7月初旬から9月中旬までの約2カ月間、ほとんど登板していない。その反面、打者としてはこの間、打率・341、本塁打10でチームを支えた。7月10日に首位ソフトバンクと5・5ゲーム差あった差は、大谷がほぼ打者に専念した2カ月間できれいになくなった。故障で投手として万全のパフォーマンスを演じられなくても、打者として主力打者としての使命を全うする、それが大谷翔平の「余人をもって代え難い」と表現するしかない、すごさなのである。

大谷の今季年齢は23歳である。たったこれだけの年輪しかないのに野球人生では多くの浮き沈みを繰り返し、それでも「沈んでいる」部分がマイナスにならない。沈んでいる部分があるから浮き上がっていく部分がプラス面として評価される。これはもはや、大谷の人徳としか言いようがない。

メジャー挑戦を熱望したプロ入り前の大谷を思い出すと、日本でのプレーが終了に近づいていることを意識せずにいられない。これまでの投手としての通算成績は39勝13敗、防御率2・49で、私が設定した成功選手の基準に達していない。打者としては通算242安打なので、こちらも成功基準未到達である。

通算50勝して後顧の憂いなく日本をあとにしてほしい反面、メジャーリーグでも誰もやったことのない投打二刀流を見せつけて〝大谷フィーバー〟を起こしてほしいとも思う。

大谷と日本ハムフロントトップの判断にかかっているわけだが、ここまで二刀流の可能性を存分に見せてくれた大谷には感謝の言葉しかない。大谷の出現によって、野球はこれほど何をやっても許される競技なのだと、初めて認識した。野球に深く関わってきたからこそ、野球にハードルを設け、これはやっていい、これはやっては悪いと線引きしてきたが、それは間違いというより、野球をつまらなくする行為だと今は思う。

大谷を初めて見たアメリカ人や外国人は驚くだろう。まずそのシルエットの美しさに感動するだろう。スマートな投球フォームから繰り出される球筋のきれいな快速球に溜息を洩らしてほしい。そして、メジャーリーガーのストレートやツーシームに力負けせず、逆方向に大きな打球を飛ばす打者としての可能性に目をみはってほしい。

初めてプロ野球のリーグ戦が行われた1936(昭和11)年から81年を経た日本球界に、こんなスーパースターが出現したのである。

2017年7月4日

小関順二

2016年	
＊投手……21 試合、10 勝 4 敗、防御率 1.86（規定投球回未到達）	
＊打者……104 試合、打率 .322（安打 104）、本塁打 22、打点 67	
（MVP、投手・指名打者でベストナイン＝史上初）	
3／29	西勇輝から 3 ランを放ち、1 試合自己最多の 5 打点を記録
3／30	オリックス戦で 2 試合連続右ホームラン
5／1	ロッテ戦でシーズン初勝利
6／5	巨人戦で当時の日本最速 163 キロを計測（2 失点完投で勝ち投手）
6／8	自己最多の 17 試合連続安打を達成
7／3	ソフトバンク戦で 1 番・投手（初球を右中間ホームラン）
7／16	オールスター第 2 戦で井納翔一（DeNA）から 1 号、猛打賞で MVP
8／27	西武戦で 20 本塁打達成
9／21	ソフトバンク戦に勝ち首位に立つ（8 番・投手で先発）
9／22	登板した翌日に 3 番・DH でスタメン、2 安打を放つ
9／28	西武戦で 1 安打完封、チームをリーグ優勝に導く
10／12	CS（クライマックスシリーズ）ソフトバンク戦で投手・8 番で出場
10／16	CS ソフトバンク戦の第 5 戦で 3 番・指名打者でスタメン出場し、9 回にはリリーフでマウンドに立ち、ストレートが日本球界史上最速の 165 キロを計測する
10／29	初の日本一を経験

2017年	
2／4	WBC（ワールドベースボールクラシック）出場辞退がスポーツ紙の 1 面を飾る
3／31	開幕戦の西武戦 2 安打を放つ
4／1	西武戦で 3 安打を放ち、勝利に貢献する
4／2	西武戦で 2 安打、この 3 連戦で 12 打数 8 安打、打率 .667 を記録する
4／8	オリックス戦で左太もも裏の肉離れを起こし、翌 9 日に出場選手登録抹消
6／23	出場選手登録される
6／27	ソフトバンク戦で野手として復活出場
6／28	ソフトバンク戦で代打出場、復活後初安打を放つ
7／1	ファームの西武戦で先発登板。1 回 1 安打 1 失点、最速は 157 キロ
7／3	西武戦でスタメン出場、5 番・指名打者で二塁打を放つ

2014年

＊投手……24 試合、11 勝 4 敗、防御率 2.61
＊打者……87 試合、打率 .274（安打 58）、本塁打 10、打点 31

3／8	オープン戦の阪神戦で、高校時代以来の甲子園登板で勝利投手に
4／12	西武戦で初の2ケタ奪三振
5／13	西武戦でプロ入り初完封勝利
6／4	広島戦でパ・リーグ最速の 160 キロを計測、前田健太（ドジャース）に投げ勝つ
6／18	阪神戦で甲子園初勝利。160 キロを 2 回記録し、自己最多の 11 奪三振
7／5	ロッテ戦で初の 1 試合 2 ホームラン
7／9	楽天戦で毎回の 16 奪三振、1 失点完投。木田勇に並ぶ球団タイ記録
7／19	オールスターゲーム第 2 戦、先頭の鳥谷敬への 2 球目が 162 キロ（投手と野手で球宴出場は関根潤三以来。162 キロは日本球界最速タイ）
8／3	ソフトバンク戦で公式戦の国内最速 161 キロに並ぶ
8／26	ソフトバンク戦で初の 10 勝達成
9／7	オリックス戦で 10 号ホームランを放ち、日本球界初の「10 勝 &10 本塁打」を達成
10／11	CS ファーストステージのオリックス戦で金子千尋に投げ勝つ
11／27	ジョージア魂賞の年間大賞を受賞

2015年

＊投手……22 試合、15 勝 5 敗、防御率 2.24
（最優秀防御率、最多勝、勝率 1 位、投手でベストナイン）
＊打者……70 試合、打率 .202（安打 22）、本塁打 5、打点 17

3／27	楽天戦でプロ入り初の開幕投手をまかされ勝ち投手になる（この開幕戦の勝利以降 3、4 月に無傷の 5 連勝を飾り 3・4 月の月間 MVP に輝く）
5／14	西武戦で連続無失点が 35 イニングで止まる
5／30	中日戦で投手として開幕から負けなしの 7 連勝
8／8	楽天戦で初のサヨナラ打を放つ
10／10	ロッテとの CS ファーストステージ第 1 戦で先発、5 失点で 3 回途中で降板
※11／8	プレミア 12 予選ラウンドの韓国戦で 6 回無失点 6 回（91 球）、安打 2、三振 10、四球 2、失点 0
※11／19	プレミア 12 準決勝の韓国戦で 7 回無失点 7 回（95 球）、安打 1、三振 11、死球 1、失点 0

大谷翔平の年表（2011年以降）

2011年	
8／7	夏の甲子園大会1回戦で帝京高に7対8で敗退。リリーフで3失点、打者としては1安打、2打点。ストレートの最速150キロは下級生としては駒大苫小牧高時代の田中将大（現ヤンキース）と並んで甲子園春、夏通じて史上最速タイ記録

2012年	
3／21	センバツ甲子園大会1回戦で大阪桐蔭高に2対9で敗退。投手としては先発して8回3分の2を投げ9失点、打者としては藤浪晋太郎から2回にソロホームランを放つ
7／19	岩手県大会準決勝の一関学院戦で最速160キロを計測
10／21	花巻東高内でメジャー挑戦を正式に表明する
10／25	日本ハムからドラフト1位指名を受ける
11／17	山田正雄・日本ハムGMから二刀流のプランを提示される
12／25	札幌で日本ハムへの入団会見を行う

2013年	
＊投手……13試合、3勝0敗、防御率4.23 ＊打者……77試合、打率.238（安打45）、本塁打3、打点20 （松井秀喜のプロ1年目は41安打。大谷の45安打は高校卒新人では史上4位）	
3／10	教育リーグのヤクルト戦でプロ初登板、2回を無失点
3／30	西武戦で花巻東高の先輩、菊池雄星に2三振喫する
4／11	二軍のロッテ戦でプロ初の敗戦投手に
5／23	ヤクルト戦で投手としてプロデビュー。ストレートが最速157キロを計測（5回、6安打、2失点）
6／1	中日戦でプロ初勝利（5回、3失点）
6／18	広島戦で5番・投手でプレーするリアル二刀流（4回3失点&3打数1安打1打点。先発投手の中軸は梶本隆夫以来50年ぶり）
7／10	楽天戦で永井怜からプロ初ホームラン（高卒新人のプロ初勝利とプロ初ホームランは67年の江夏豊以来46年ぶり）
7／19	オールスターでリリーフ後にレフトに入る二刀流

参考文献

『大谷翔平　会見全文』アスリート研究会編著、ゴマブックス
『不可能を可能にする大谷翔平』大谷翔平、ぴあ
『別冊カドカワ　大谷翔平』カドカワムック
『スポーツアルバムNo.47　大谷翔平』ベースボール・マガジン社
『週刊ベースボール　2015年5月25日号』ベースボール・マガジン社
『週刊ベースボール　2017年1月9&16日号』ベースボール・マガジン社
『週刊文春　2014年10月23日号』文藝春秋
『Number 861号』文藝春秋
『Number 881号』文藝春秋
『Number 912号』文藝春秋
『Number 925号』文藝春秋
「2013年版 プロ野球 問題だらけの12球団」草思社、小関順二
「2014年版 プロ野球 問題だらけの12球団」草思社、小関順二
「2017年版 プロ野球 問題だらけの12球団」草思社、小関順二
『プロ野球戦国時代！ 次の盟主はここだ！』学陽書房、小関順二
日刊スポーツ
スポーツニッポン
スポーツ報知
サンケイスポーツ
毎日新聞

大谷翔平
日本の野球を変えた二刀流

2017年8月14日　第1版 第1刷

著者　小関順二
発行者　後藤高志
発行所　株式会社 廣済堂出版
〒101-0052 東京都千代田区神田小川町2-3-13 M&Cビル7F
電話　03-6703-0964（編集） 03-6703-0962（販売）
Fax　03-6703-0963（販売）
振替　00180-0-164137
http://www.kosaido-pub.co.jp

印刷所
製本所　株式会社 廣済堂

ISBN 978-4-331-52102-1　C0075

ブックデザイン・DTP　三瓶可南子
編集　飯田健之
図表作成　桜井勝志